电子电气基础课程系列教材

电路实验教程

马 艳 刘 丹 宫 鹏 山炳强 编著

电子工业出版社
Publishing House of Electronics Industry
北京·BEIJING

内 容 简 介

本书根据"电路实验"的最新教学要求编写，全书分为 6 个部分，包括电路实验综述，电气测量，电路设计与仿真，实验任务，常用仪器、仪表的使用和实验报告，其中实验任务包括 14 个各层次实验项目。

本书内容处理详略得当，实验原理讲述清晰，基础实验的步骤介绍详细，重点、难点位置插入动画或者视频，扫描相应的二维码即可观看，方便学生自学。

本书的实验项目可与"电路""电路分析基础"等课程的教学内容相配合，可作为高等学校电气信息类学生的教科书，也可作为广大电子行业工作者和电子爱好者的参考书。

未经许可，不得以任何方式复制或抄袭本书之部分或全部内容。

版权所有，侵权必究。

图书在版编目（CIP）数据

电路实验教程 / 马艳等编著. — 北京 : 电子工业出版社, 2025. 8. — ISBN 978-7-121-50970-4

Ⅰ. TM13-33

中国国家版本馆 CIP 数据核字第 2025M4C542 号

责任编辑：刘怡静

印　　刷：中煤（北京）印务有限公司
装　　订：中煤（北京）印务有限公司
出版发行：电子工业出版社
　　　　　北京市海淀区万寿路 173 信箱　　邮编：100036
开　　本：787×1092　1/16　印张：8.75　字数：233.8 千字
版　　次：2025 年 8 月第 1 版
印　　次：2025 年 9 月第 2 次印刷
定　　价：35.00 元

凡所购买电子工业出版社图书有缺损问题，请向购买书店调换。若书店售缺，请与本社发行部联系，联系及邮购电话：(010)88254888，88258888。

质量投诉请发邮件至 zlts@phei.com.cn，盗版侵权举报请发邮件至 dbqq@phei.com.cn。

本书咨询联系方式：liuyj@phei.com.cn，(010)88254179。

前　言

本书的主要内容与"电路""电路分析基础"等课程的教学内容相配合，可作为高等院校电气信息类专业的电路实验课程教材使用。

本书的编写本着"坚实基础、注重综合、强化设计、旨在创新"的理念，第一、二章全面介绍了电路基础实验的基本知识，包括电路实验综述、电气测量仪器仪表的使用及测量方法。第三章介绍了电路仿真软件 Multisim 的基本使用方法及简单电路的设计方法。第四章的实验任务涵盖了电路基本定律的实验研究、基本电气测量方法、一阶动态电路实验、单相和三相交流电路的实验、二端口网络实验等，共给出了 14 个各层次实验项目。与实验任务配套的实验报告给出了需要学生填写的部分，并进行了相应的留白，有利于学生直接将仿真结果和实验波形粘贴在实验报告中。

本书根据教学大纲的要求，结合作者多年的教学经验，建立以理论基础、综合设计和自主创新分层次一体化的实验课程体系。通过常规基础实验的训练，使学生掌握基本实验理论、基本实验方法、基本实验技能，培养学生的基本素质。综合设计性实验内容，既有课程不同知识点的综合，又有实验技能、测试方法的综合，可以提高学生对电路基础理论的综合应用能力。

本书在编写中依据教学体系建设需要，由浅入深地安排实验内容；各个实验项目中的实验任务分为基本实验和扩展实验两部分，方便不同层次学生使用；对实验任务涉及的理论及方法进行了详细介绍；实验预习要求尽量具体化；基本实验部分在实验指导中给出了参考电路和实验方法步骤，扩展设计部分主要提出设计要求，让学生自行设计实验电路和方案，独立完成实验任务。

随着信息化技术的发展，教材将每个实验的操作步骤和仪器仪表的使用方法制作成视频，生成相应的二维码，学生可以用手机扫描二维码下载观看，从而快速熟悉和掌握相关操作，做好实验前的预习。

本书的编写在青岛大学电工电子实验教学中心的大力支持下进行。由马艳、刘丹、宫鹏、山炳强共同编写，全书由马艳统稿。刘丹、宫鹏完成了视频的录制。

在编写过程中，作者学习和借鉴了大量参考资料，在此向所有作者深表感谢。

由于水平所限，错误和不当之处在所难免，恳请各位读者批评指正。

编著者

目 录

第一章 电路实验综述 1
1.1 实验课的目的 1
1.2 实验准备 2
1.3 实验操作 3
   1.3.1 操作流程 3
   1.3.2 故障分析与排除 4
   1.3.3 做电路实验的注意事项 5
1.4 实验总结 5
【思考与练习】 6

第二章 电气测量 7
2.1 常用电气测量仪表 7
   2.1.1 常用电气测量仪表的分类 7
   2.1.2 常用电气测量仪表的准确度 7
2.2 基本参数的测量 8
   2.2.1 电压的测量 8
   2.2.2 电流的测量 9
   2.2.3 功率的测量 9
   2.2.4 时间、频率和相位的测量 11
2.3 电路基本元器件参数的测量 12
   2.3.1 电阻的测量 12
   2.3.2 电感的测量 13
   2.3.3 电容的测量 13
【思考与练习】 14
2.4 测量误差的分析与测量数据的处理 14
   2.4.1 测量误差的分析 14
   2.4.2 测量数据的记录与处理 14
   2.4.3 测量数据的读取与记录 15
   2.4.4 测量数据的处理 15
【思考与练习】 16

第三章 电路设计与仿真 17
3.1 Multisim 在电路设计中的应用 17
   3.1.1 Multisim14 界面 17
   3.1.2 建立电路 21
   3.1.3 电路仿真分析 23
【思考与练习】 26
3.2 设计型实验的方法与步骤 26

第四章 实验任务 31
4.1 无源和有源二端网络伏安特性的测量 31
4.2 基尔霍夫定律与电位的测定 36
4.3 叠加原理与戴维南定理的研究 38
4.4 典型电信号的观察与测量 44
4.5 RC 一阶电路暂态过程的分析与研究 48
4.6 RLC 交流电路参数的测量 53
4.7 交流电路中相位差的测量 56
4.8 基于 Multisim 软件的电路仿真 62
4.9 RLC 正弦交流电路频率特性的仿真 66
4.10 感性电路的测量及功率因数的提高 70
4.11 三相正弦交流电路的研究 73
4.12 二端口网络参数的测量 78
4.13 互感电路实验 83

4.14 变压器的应用……87
附录：常用仪器、仪表的使用……92
实验报告……101
　实验报告：4.1 无源和有源二端网络伏安特性的测量……102
　实验报告：4.2 基尔霍夫定律与电位的测定……104
　实验报告：4.3 叠加原理与戴维南定理的研究……106
　实验报告：4.4 典型电信号的观察与测量……108
　实验报告：4.5 RC 一阶电路暂态过程的分析与研究……111
　实验报告：4.6 RLC 交流电路参数的测量……113
　实验报告：4.7 交流电路中相位差的测量……115
　实验报告：4.8 基于 Multisim 软件的电路仿真……117
　实验报告：4.9 RLC 正弦交流电路频率特性的仿真……119
　实验报告：4.10 感性电路的测量及功率因数的提高……121
　实验报告：4.11 三相正弦交流电路的研究……123
　实验报告：4.12 二端口网络参数的测量……125
　实验报告：4.13 互感电路实验……128
　实验报告：4.14 变压器的应用……129
参考文献……131

第一章 电路实验综述

实验是人们根据一定要求，运用一定手段，突破客观条件限制，在人为控制、干预或模拟条件下，观察、探索客观事物本质和规律的一种科技创造方法。实验是获得第一手资料的重要方法；是探索自然奥秘和事物客观规律的必由之路；是检验真理的重要标准；是推动科学发展的有力手段。

实验室是现代化大学的核心。实验教学是把科学实验引进教学领域的教学过程，是理论知识和实践活动、间接经验和直接经验、抽象思维和形象思维相结合的教学过程；是科学思想、方法、技术相结合的教学过程。实验教学具有直观性、实践性、技术性、综合性和科学性，还具有传授知识、培养能力、提高素质等多方面的作用。

在高等学校理工科各专业学生的培养过程中，按照一定的教学计划和目标，在教师指导下，组织学生运用一定的条件观察和研究客观事物的本质和规律，以传授知识、培养能力、提高素质为目的，让学生运用实验手段独立完成实验，综合运用所学知识和技能，自主进行实验操作，进行系统分析、比较、归纳等思维活动，是全面推进素质教育、培养创新人才的重要途径。

1.1 实验课的目的

"电路"是高等学校理工科一门实践性很强的专业基础课。电路实验是将电路基础理论应用于实际的实践性活动，通过该课程的学习，使学生得到电路基本实践技能的训练，学会运用所学理论知识判断和解决实际问题，加深和扩宽理论知识，加强工程实际观念和严谨细致的科学作风，为本学科的专业实验、生产实践和科学研究打下基础。

电路实验作为重要的教学环节，对培养学生理论联系实际的学风、研究问题和解决问题的能力、创新能力和协作精神，以及针对实际问题进行电路设计制作的能力具有重要的作用。

电路实验内容分为基础验证、综合设计、创新研究三个层次。基础验证实验主要选择一些经典内容，以元器件特性、参数和基本单元为实验对象，验证与电路基础有关的定理和定律，巩固所学的理论知识，培养学生的基本工程素质、基本实验技能、基本分析和处理问题的能力。综合设计型实验主要结合实际应用，给定实验的部分条件或实验电路与方法要求，由学生自行拟定实验方案，正确选择仪器，完成电路连接和性能测试任务，估算工程误差，并解决实验中出现的问题（包括排除故障），培养学生对所学知识的综合应用能力，提高学生针对实际问题进行电子设计制作的能力，增强学生的工程设计与综合应用素质。创新研究型实验是根据给定的实验课题或自主选择课题，由学生独立设计实验电路、实验内容和性能指标，选择合适的元器件完成电路的组装和调试，以达到设计要求，培养学生自主学习、系统分析、应用、综合、设计与创新的能力，强化学生独立分析处理问题的能力以及创新思维。

通过电路实验课程的学习和实践，使学生学会识别电路图、合理布局和接线，正确测试、准确读取和记录数据；能排除实验电路的简单故障和解决实验电路中常见的问题；学会正确选择和使用常用的电工仪表、电子仪器、实验设备和工具；掌握典型应用电路的组装、测量和调试方法；能够正确处理实验数据、绘制曲线图表和进行误差分析，具有一定的工程估算能力；学会查阅相关技术手册和通过网络查询资料，合理选用实验（元）器件（参数）；学会使用仿真软件，对实验电路进行仿真分析和辅助设计；掌握常用单元电路或小系统的设计、组装和调试方法，具备一定的综合应用能力，并具有独立撰写实验报告的能力；学会从实验现象和实验结果中归纳、分析并创新实验方法，从而提高科学素养，包括养成严谨的学习作风、严肃认真、实事求是的科学态度，勤奋钻研、勇于创新的开拓精神，遵守纪律、团结协作和爱护公物的优良品德。

一个完整的实验过程应包括实验准备、实验操作和实验总结等环节。无论是验证性实验还是设计性实验，各环节的完成质量都会直接影响实验的效果。

1.2 实验准备

实验准备的第一个环节即实验预习。实验预习是确保实验能否顺利进行和达到预期效果的重要前提，也是提高实验质量和效率的可靠保证。

1. 对于基础验证实验，实验预习应按照以下步骤进行。

（1）仔细阅读实验指导书，了解本次实验的目的和任务，复习与实验有关的内容，熟悉与本次实验相关的理论知识，掌握本次实验的原理。

（2）根据给出的实验电路与元器件参数，进行必要的理论计算。实验中所用的实际元器件不同于理想元器件，同一种性质（类型）的元器件会因型号和用途的不同，不仅在外观形状上存在一定差异，在标称值和精度等内部特性方面也有很大差别。电路基础实验涉及的元器件主要包括电阻器、电感器、电容器、各种开关、各种指示灯、熔断器、继电器、接触器、变压器、传感器等。

（3）详细阅读本次实验所用仪器设备的使用说明，熟记操作要点。仪器设备主要有万用表、功率表、直流电源、函数信号发生器、示波器、计算机等。在实验前必须了解和熟悉仪器设备的功能、基本原理和操作方法，并正确选用。通过学习实验课件和预习视频等途径，了解本次实验所用仪器设备的特性、测试方法及应用注意事项。

（4）设计或掌握操作步骤和测量方法。操作步骤是实验的操作流程，是培养学生良好操作习惯的重要环节。因此，为完成实验任务，所设计的操作步骤必须细致，充分考虑各种因素的影响，包括每步操作的注意事项、涉及的仪器设备和安全措施，以及数据测量的先后顺序等。

（5）确定观察内容，测试和记录数据。预习时应拟定所有记录数据和有关测试内容的表格或图表。凡是要求先进行理论计算的内容必须在预习中完成，并尽量将理论数据填写在记录实验数据的表格中，便于与实验数据进行对比分析。

2. 对于设计型实验，除了进行以上必需的预习步骤，还应在预习中完成以下步骤。

（1）深入理解实验题目提出的任务与要求，阅读有关技术资料，学习相关理论知识。

（2）进行电路方案设计，选择电路元器件参数。

（3）使用仿真软件进行电路性能仿真和优化设计，进一步确定设计的电路原理图和元器件参数。仿真分析是利用计算机软件对电路特性进行分析和调试的虚拟实验手段。在虚拟环境中，不需要真实电路的介入，不必顾及设备短缺和时间环境的限制。因此，在进行实际电路搭建和性能测试之前，可以借助仿真软件对设计的电路进行反复更改、调整和测试，以获得最佳的电路指标并拟定最合理的实测方案；同时对实验结果做到心中有数，以便在实验中做到有的放矢、少走弯路、提高效率、节省资源。常用的仿真软件有 Multisim、Proteus 等，应把仿真软件作为实验的基本工具，加以掌握和应用。

（4）拟定实验步骤和测量方法，画出必要的记录表格备用，并选择合适的测量仪器。

3. 在实验进行前，完成预习要求，并在预习中完成所有与本次实验相关内容的问题解答。

要特别注意，在预习阶段，还应根据自身实际情况以及实验需要，尽可能通过网络、图书资料等信息资源，了解相关知识、拓宽预习范围，如各实验所需元器件的基本原理和选用知识、仪器设备的使用方法、特殊元器件的应用、实验注意事项、安全操作规范等，这对积累实验经验和培养实践能力将有很大帮助。

1.3 实验操作

完成实验准备后，即可进入实验操作阶段。实验操作是在预习报告的指导下，按照操作步骤进行实际操作的过程，包括熟悉、检查和使用元器件与仪器设备，连接实验电路，进行实际测试与数据记录，以及实验后的整理等工作。

1.3.1 操作流程

1. 熟悉设备，检查元器件

实验开始前，指导教师要检查学生的预习报告，要求学生了解本次实验的目的、内容和方法。学生只有通过预习要求，才能被允许进行实验操作。操作前，学生要认真听取指导教师对实验装置的介绍，或通过预习课件了解本次实验所用仪器设备的功能与使用方法。另外，为了保证在实验中使用的元器件和导线是完好的，在使用之前一定要用万用表对其进行简单的测试，如检查导线是否断开，元器件是否完好等。

2. 连接实验电路

连接实验电路是实验过程中的关键性工作，也是评判学生是否掌握基本操作技能的主要依据。通常，连接实验电路需要注意以下几个方面的问题。

（1）合理摆放实验对象。电源、负载、测量仪器等实验对象摆放的一般原则是使实验电路的布局合理（即确保对象摆放的位置、距离、连线长短等对实验结果影响小），使用安全方便（即确保实验对象的接线、调整、测试数据均方便，摆放稳固、操作安全），连线简单可靠（即确保用线短且用量少，尽量避免交叉干扰，防止接错线和接触不良）。

（2）连接的顺序要根据电路的结构特点及个人熟练程度而定。对初学者来说，一般是按电路图上的接点与各实物元器件接头的对应关系来顺序接线的。对于复杂的实验电路，通常是先连接串联支路，后连接并联支路；先连接主回路，后连接其他回路；先连接各个局部，后连接成一个整体。实验电路走线、布线应简洁明了、便于测量，导线的长短粗细要合适，导线尽量短且少交叉，防止连线短路。所有仪器设备和仪表，都要严格按规定的接法正确接入电路（例如，电流表及功率表的电流线圈一定要串联在电路中，电压表及功率表的电压线圈一定要并联在电路中）。

在连接线路的过程中，还要特别注意以下问题。

巧用颜色导线。为便于查错，接线可用不同颜色的导线区分。例如电源"+"极或（交流）"相"端使用红色导线，电源的"–"极或（交流）"中性"端用蓝色导线，"地"端使用黑色导线。有接线头的地方要拧紧或夹牢，防止接触不良或脱落。

注意接地端连接。电路的公共地端和各种仪器设备的接地端应接在一起，既可作为电路的参考零点，又可避免引起干扰。在一些特殊场合，仪器设备的外壳应接地保护或接零保护，以确保人身和设备安全。在焊接和测试 MOS 器件时，电烙铁和测试仪器均要接地，以防它们漏电而损坏 MOS 器件。在测量时，要特别注意防止因仪器和设备"共地"而导致被测电路局部短路。

注意屏蔽。对于中频和高频信号的传输，应采用屏蔽线。同时，将靠近实验电路的屏蔽线（外导体）进行单端接地，以提高其抗干扰能力。

3. 实验电路通电

完成实验电路连接之后，必须先进行电路复查。要对照实验电路图，由左至右或由电路有明显标记处开始逐一检查，不能漏掉一根连线。按照图物对照、以图校物的基本方法加以检查。对于初学者，检查电路连线是一项很有意义的工作，它既是认识电路连接的机会，又是训练建立电路原理图与实物安装图之间内在联系的机会。检查电路连线的主要内容是检查线路是否接错（或短路），是否多连或少连导线，电源的正负极、地线和信号线连接是否正确，连接的导线是否导通等。检查连线是保证实验顺利进行、防止事故发生的重要措施。特别是针对强电（36V 以上）的实验电路，接完线路后一定要按照自查、同学互查、教师复查的程序，由教师确认无误后方可通电。尤其做强电实验时要注意：手合电源，眼观全局，一有异常现象（如有声响、冒烟、打火、焦臭味及设备发烫等）立即切断电源，分析原因，查找故障。

4. 测量数据，观察现象

接通电源后，先将设备进行大致调试，观察各被测量的变化情况和出现的现象是否合理，若不合理，应切断电源，查找原因并改正。如数据出现时有时无的变化，原因可能是实验电路的接线松动、虚焊，连接导线出现隐藏断点或仪器仪表工作不稳定；预测数据与理论数据相差很大，原因可能是实验电路接线错误、（局部）碰线或器件参数选择不当等问题。只有消除隐患，才能确保实验电路正常工作。

仪表读数时，思想要集中，姿势要正确。对于数字式仪表，要注意量程、单位和小数点位置。

5. 数据记录与分析

将所有数据记在原始记录表上，数据记录要完整、清晰，力求表格化、一目了然，合理取舍有效数字，并注明被测量的名称和单位。重复测试的数据应记录在原数据表旁或新数据表中，要尊重原始记录，实验后不得涂改，养成良好的记录习惯，培养工程意识。交实验报告时，将原始记录一并附上。

在测量过程中，应及时对数据进行初步分析，以便尽早发现问题，并采取必要措施以达到实验的预期效果。例如对于变化快速的被测量区域，应增加测试点以获取更多的变化细节；对于变化缓慢的被测量区域，可以减少测试点，以加快测试速度，提高效率；关键点的数据不能丢失，必要时要多次测量，取它们的平均值以减小误差。

6. 检查与整理

完成本次实验全部内容后，应先断电，暂不拆线，待认真检查实验结果无遗漏和错误后，方可拆除接线。整理好连接线与仪器工具，确保物归原位。

实验过程中应特别注意人身安全与设备安全。改接线路和拆线一定要在断电的情况下进行，绝对不允许带电操作。使用仪器仪表要符合操作规程，切勿乱调旋钮、档位。发现异常情况，立即切断电源，查找故障，排除故障后再继续进行操作。

1.3.2 故障分析与排除

正常情况下，连接好实验电路即可进行测试或调试。然而，常常会出现一些意想不到的故障，导致数据测试不正确甚至实验不能正常进行。遇到故障不一定是坏事，排除故障有助于实验技能的不断提高。遇到故障，切忌轻易拆掉线路重新安装，而是要运用所学知识，认真观察故障现象，仔细分析故障原因，最后查找到故障部位，排除故障，使实验得以继续进行。故障的检查通常采用以下几种方法。

1. 断电检查法

当实验接错线，造成电源或负载短路或严重过载，特别是发现实验电路或设备的异常现象（如有声响、冒烟火、焦臭味以及发烫等）将导致故障进一步恶化时，应立即关断电源进行检查。一是对照原理图，对实验电路的每个元器件及连线逐一进行外部（直观）检查，观察元器件的外观有无断裂、变形、焦痕和损坏，引脚有无错接、漏接或短接；观察仪器仪表的摆放、量程选择、读数方式是否正确；二是使用万用表的"Ω"挡，检查各支路是否连通，元器件是否良好。对于电容、电感、电动机以及变压器等元件，可用电桥测量；对于集成电路，需要专用仪器测试或用功能完好的芯片替换来判断。

2. 通电检查法

这是使用测试仪器检测电路参数来判断故障部位的在线检查方法。

一般先直观检查，再进行参数测试。

（1）直观检查法。这是在电路通电情况下，对工作状况进行直接观察检查的方法，包括听声音、看显示数值、查运行状态、摸外表温度、嗅现场气味等外部现象，来确认电路是否正常。有时还要配合不同操作，使呈现的现象更明显。

（2）参数测试法。最常见的是利用万用表进行电压测量，主要检查电源供电系统从电源进线、开关、熔断器到电路输入端有无电压，电子类仪器仪表是否有供电，输入和输出信号是否正常，各元器件和仪器的电压是否符合设计要求等。动态参数多数借助示波器观察波形及可能存在的干扰信号，这有利于故障分析。

（3）替换法。当故障比较隐蔽时，在对电路进行原理分析的基础上，可用正常的模块或元器件替换可能有问题的部分。如果故障消失了，电路能够正常工作，则说明故障出现在被替换下来的部分，这便于进一步查找故障原因和部位。

（4）断路法。在实验电路中断开某部分电路，可以起到缩小故障范围的作用。例如将直流稳压电源接入一个带有局部短路故障的电路，其输出电流明显过大，若断开该电路中的某条支路时，输出电流恢复了正常，说明就是这条支路故障，进一步查找即可发现故障部位。

值得一提的是，目前不少仿真软件都能够设置各种故障源，帮助操作人员借助软件仿真重现故障，了解故障产生的原因及后果，直观认识工程现场，提供了安全、无损且便捷的工具。因此，掌握和利用仿真工具，可以在故障分析中达到事半功倍的效果。

1.3.3 做电路实验的注意事项

通常来说做电路实验需要注意的安全事项包括：人身安全、仪器设备安全和电路元器件安全。从重要性来说，人身安全最重要，其次是仪器设备安全，最后是电路元器件安全。

保障人身安全的主要措施包括以下几个。

（1）先接好电路，检查无误后再接通电源。

（2）如果要改变电路接线或更改电路元器件，应先断开电源。

（3）如果实验中有高于36V的电压，人体任何部分都不要在通电时直接接触电路和仪器设备裸露的金属部分以及其他可能带电的部分。

（4）当电路中含有电容时，即使已经断电，电容仍可能在一段时间内有电压。如果电容电压超过36V，不能接触电容。

（5）当电路发生异常现象（如发热、声响、异味等）时，应立即断开电源，远离实验电路，等异常现象消失后，再检查电路故障。

保障仪器设备安全的主要措施有以下几个。

（1）了解仪器设备的使用方法后，才能使用该仪器设备。

（2）注意仪器设备的输出范围和量程，使用时不可超量程使用。

（3）电压源不能短路，电流源不能开路。

保障电路元器件安全的措施主要包括以下几个。

（1）实验电路检查无误后才可通电。

（2）如需更改电路接线或电路元器件，需先断电。

（3）注意电路元器件的额定值，通常在电路中元器件不能超过额定值工作。

（4）当电路发生故障时（如发热、声响、异味等），应立即断开电源，检查故障电路，排除故障后，再重新通电。

（5）在进行真实电路实验之前，可以先进行电路仿真，仿真通过之后，再进行电路实验，这对保障电路元器件的安全也具有一定的作用。

通过以上分析可知，只要我们注意采取合理的措施，电路实验的安全是可以得到基本保障的。

1.4 实验总结

实验的最后阶段是实验总结，即对实验数据进行整理，绘制波形图和图表，分析实验现象，撰写实验报告，每次实验参与者都要独立完成一份实验报告。实验报告的编写应持严肃认真、实事求是的科学态度，如实验结果与理论有较大出入，不得随意修改实验数据和结果，不得用凑数据的方法来向理论靠拢，而是要用理论知识分析实验数据和结果，解释实验现象，找出引起较大误差的原因。

实验报告的一般格式如下。

（1）实验名称。

（2）实验任务及目的。

（3）实验原理及电路：完成调试后得到的实验电路图，包括标注元器件参数、测试点和对照原理（或原先设计）电路的改动情况。

（4）实验仪器及器件：仪器设备和元器件清单，包括仪器设备以及元器件的名称、型号规格和数量等，对这些设备在实验过程中的使用状况也要做出说明，便于统计和维修。

（5）仿真结果：包括选用的仿真工具和仿真结果（数据、表格和波形等）。

（6）实验数据：测试得到的原始数据和波形图等。注意标注数据的单位。

（7）测量数据的分析与处理：实验总结的主要工作是对实验记录的原始数据进行处理。此时要充分发挥曲线和图表的作用，其中的公式、图表、曲线应有符号、编号、标题、名称等说明，以保证叙述条理的清晰。为了保证整理后数据的可信度，应有理论计算值、仿真数据和实验数据的比较、误差分析等。对实验数据的处理，要合理取舍有效数字。报告中的所有图表、曲线均按工程要求绘制。对于与预习结果相差较大的原始数据要分析原因，必要时应对实验电路和测试方法提出改进方案并重新进行实验。

（8）存在问题的分析与处理：对于实验过程中发现的问题（包括错误操作、出现故障），要说明发现现象、查找原因的过程和解决问题的措施，并总结在处理问题过程中的经验与教训。

（9）实验的收获和体会：实验能力和综合素质上有哪些收益，掌握了哪些基本操作技能，对该实验有哪些改进建议以及体会。

总之，一个高质量的实验来自充分预习、认真操作、可靠的数据和全面的实验总结。每个环节都必须认真对待，才能达到预期的实验效果。

【思考与练习】

1. 电路基础实验在总体上要达到哪些目的和要求？
2. 一个完整的实验过程包含几部分？
3. 写出基础验证实验的预习内容。写出设计型实验的预习内容及步骤。
4. 实验操作应分几步进行？每一步中要注意什么问题？
5. 对于实验中遇到的故障现象，应如何检查和处理？
6. 做电路实验应注意的事项有哪些？
7. 一份实验报告应包含哪些内容？

第二章 电气测量

电气测量是电路实验的重要环节，同时是理工科学生必须掌握的基本技能。因此，本章首先介绍常用电气测量仪器仪表的功能、原理及使用方法，在此基础上，进一步介绍如何用这些仪器仪表进行电气测量，然后简明扼要地阐述对测量数据的分析和处理，建立测量的基本概念，学习测量的基本方法。受篇幅限制，本章涉及的仪器仪表原理还需要读者参考其他书籍加以学习。仪器仪表使用的熟练程度是掌握实验基本技能的直接体现。建议学生要扎实掌握电气测量仪器仪表的使用方法，通过自学与现场操作训练结合，达到融会贯通、举一反三的效果。

2.1 常用电气测量仪表

电气测量是借助各种电气测量仪表对电路的电压、电流、功率等物理量进行测量，确定被测值。电气测量具有速度快、量程广、精度高等特点。利用电气测量仪表进行测量，能满足快速测量、连续测量、自动监测和远程检测的需要。因此，电气测量仪表在工业生产和现代科学技术领域得到越来越广泛的应用。

2.1.1 常用电气测量仪表的分类

电气测量仪表种类很多，分类的方法也很多。主要有以下几种分类方法。

（1）按照被测量分类，可分为万用表、电流表、电压表、功率表等。

（2）按照电流的种类分类，可分为直流表，交流表。

（3）按照仪表的工作原理分类，可分为磁电式/系，电磁式/系，电动式/系，感应式/系等。

（4）按照仪表的指示方式分类，可分为模拟式和数字式两大类。随着电子技术的迅速发展，数字式仪表的使用日益广泛，但是由于模拟式仪表的一些优点，在实验室和生产现场，模拟式仪表仍在使用。

2.1.2 常用电气测量仪表的准确度

准确度是电气测量仪表的主要特性之一。仪表的准确度与其误差有关。不管仪表制造得如何精确，仪表的读数和被测量的实际值之间会存在误差。误差有两类，一种是基本误差，它是由仪表本身结构的不精确产生的。另外一种是附加误差，它是由外界因素对仪表读数的影响产生的，如没有在正常工作条件下进行测量，测量方法不完善、读数不准确等。

仪表的准确度是根据仪表的相对额定误差来分级的。所谓相对额定误差，就是指仪表在正常工作条件下进行测量可能产生的最大基本误差 ΔA 与仪表的最大量程（满量程值）A 之比，如以百分数表示，则为

$$\gamma = \frac{\Delta A}{A} \times 100\%$$

目前我国直读式电气测量仪表按照准确度分为 0.05 级，0.1 级，0.2 级，0.5 级，1.0 级，1.5 级，2.5 级和 5.0 级。这些数字表示仪表的相对额定误差的百分数。

例如：有一个准确度为 2.5 级的电压表，其最大量程为 50V，则可能产生的最大基本误差为

$$\Delta U_m = \gamma \times U_m = \pm 2.5\% \times 50 = \pm 1.25\text{V}$$

在正常工作条件下，可以认为最大基本误差是不变的，所以被测值较高、标值越小，相对测量误差就越大。例如，用上述电压表来测量实际值为 10V 的电压时，相对测量误差为

$$\gamma_{10} = \frac{\pm 1.25}{10} \times 100\% = \pm 12.5\%$$

而用它来测量实际值为 40V 的电压时，相对测量误差为

$$\gamma_{40} = \frac{\pm 1.25}{40} \times 100\% = \pm 3.1\%$$

因此,在选用仪表的量程时,应使被测量的值越接近满量程值越好。一般应使被测量的值在仪表满量程值的一半以上。

准确度等级较高（0.1级,0.2级,0.5级）的仪表常用于进行精密测量或校正其他仪表。

仪表表面通常都标有仪表的类型、准确度的等级、电流的种类以及仪表的绝缘耐压强度和放置位置等符号。

2.2 基本参数的测量

2.2.1 电压的测量

电压的测量是电子电路测量的一个重要内容,在集总参数电路里,表征电信号能量的三个基本参数分别是:电压、电流和功率。但是,从测量的观点来看,测量的主要参数是电压,因为在标准电阻的两端测出电压值,就可通过计算求得电流或功率。

电压的测量方法主要有电压表测量法和示波器测量法两种。

1. 电压表测量法

用电压表测量电压时,电压表一定要并联在被测电路两端!

测量直流电压通常都用磁电式电压表,测量时要注意量程范围和精度要求。电压表是并联在被测电路两端的,为了减小对被测电路工作状态的影响,要求电压表的内阻越大越好,否则将产生较大的测量误差。同时对于直流电压表还要注意"+""-"极性,保证高电位端接在电压表的"+"端。

测量交流电压通常采用电磁式电压表。实际操作中要特别注意,测量交流电压时一定要考虑其频率范围。测量工频电压时,可用万用表的交流电压挡测量,但当被测电压的频带很宽时,还要考虑电压表的频带宽度。

将电压表并联于被测电路两端,直接由电压表的读数决定测量结果的测量方法称为电压表的直接测量法。这种方法简便直观,是电压（电位）测量的基本方法。

2. 示波器测量法

示波器是一种综合性的电信号测试仪器。它能够正确测量波形的峰值及波形各部分的大小,因此在需要测量某些非正弦波形的峰值或某部分波形的大小时,用示波器进行测量是必需的。示波器主要特点包括:不仅能显示电信号的波形,还可以测量电信号的幅度、周期、频率、相位、脉冲宽度、上升和下降时间等参数；测量灵敏度高、过载能力强；输入阻抗高。示波器种类很多,实验室中常用双踪示波器。双踪示波器可以在两个通道同时输入两个信号进行测量比较。用示波器测量电信号的前提是要有完整、稳定的波形显示在显示屏上。为了便于读数,一般要求显示几个周期的波形。现以 GW GDS-820C 为例,说明几种基本测量方法。

（1）估读测量法（又称数格数换算法）

周期或频率的读取：估读出被测波形一个周期在水平方向上所占的格数,再与水平刻度（TIME/DIV,即水平方向每一大格所代表的时间）指示的值相乘,即可得到被测波形的周期,从而可算出其频率。

幅值的读取：估读出被测波形一个周期在垂直方向上所占的格数,再与垂直刻度（VOLTS/DIV,即垂直方向每一大格所代表的电压值）指示的值相乘,即可得到被测波形的幅值。

（2）标尺测量法（Cursor）

单击"标尺（Cursor）"键,显示水平和垂直标尺,调节"Variable"旋钮,将标尺悬停于波形被测点,读取显示屏右侧窗口中标尺的读数,即可知道波形被测点的时间量和幅值。这种方法通常用于波形任意点的测量和相位差的测量。

（3）直接读值法（Measure）

单击"测量（Measure）"按键，在显示屏右侧会出现各种测量数值，包括周期、频率、峰值、有效值、最大值、最小值、占空比、正负脉冲宽度、上升和下降时间等参数，我们可以按要求逐个显示并读取。

2.2.2 电流的测量

1. 电流表测量法

用电流表测量电流时，电流表一定要串联在被测电路中！

测量直流电流通常都采用磁电式电流表。测量时要注意量程范围和精度。电流表是串联在被测电路中的，为了减小对被测电路工作状态的影响，要求电流表的内阻越小越好，否则将产生较大的测量误差。同时对于直流电流还要注意"+""-"极性，保证电流从标有"+"端的接线端流入仪表。

测量交流电流通常采用电磁式电流表。由于交流电流的分流与各支路的阻抗有关，而且阻抗分流很难做得很精确，所以通常使用电流互感器扩大交流电流表的量程。钳形电流表就是用互感器扩大电流表量程的实例。钳形电流表使用非常方便，但准确度不高。

实际操作中要特别注意，电流表（钳形电流表除外）是串联在电路中的，绝不能和被测电路并联。否则由于其内阻很小，将有很大的电流流经电流表，易把电流表烧坏。

2. 示波器测量法

用示波器也可以间接测量电流的波形。我们可在被测电路支路中串联一个小电阻 R，被测电流在该电阻上产生压降，用示波器测量这个电压，便可间接得到电流随时间变化的图形。注意：这个串联电阻应尽量选小电阻，保证它串联进被测电路时被测电路影响较小，但又不能过小，要能够在示波器中显示较为稳定的波形。

2.2.3 功率的测量

电路中的功率与电压和电流的乘积有关，所以用来测量功率的仪表要有两个线圈，分别反映负载电压和电流。

1. 直流功率的测量

在直流电路中，功率 $P=UI$。所以直流功率的测量可以采用间接测量方法，即用直流电流表和直流电压表的测量值，根据公式 $P=UI$ 计算得到。图 2.2.1（a）所示接法适用于负载电阻小（负载电流大）的功率测量；图 2.2.1（b）所示接法适用于负载电阻大（负载电流小）的功率测量。

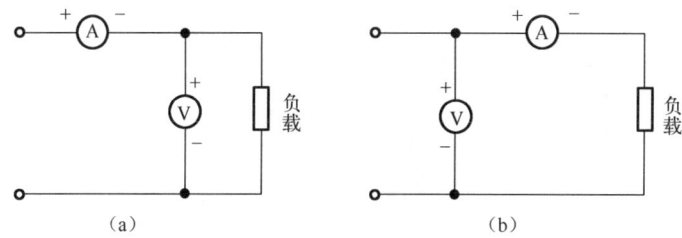

图 2.2.1 测量直流功率的两种情况

测量直流功率也可以采用功率表直接测出功率值。

2. 单相交流功率的测量

在单相交流电路中，$P=UI\cos\varphi$，通常选用功率表测量有功功率。功率表的电流线圈与负载相串联，其电压线圈与负载相并联，因此功率表上有4个端钮，其中电压端钮接负载两端，反映电压；电流端钮串联在负载回路中，反映电流。两个线圈中标有"*"的一端称为公共端。

（1）关于功率表的正确接线问题

功率表是电动式仪表，有功功率的读数与两线圈的电流方向有关，因此要规定一个"公共端"，通常用符号"*"表示。接线时要使两线圈的"公共端"接在电源的同一极性上,以保证两线圈电流都能从该端流入。按此规定功率表的正确接线有两种方式,如图 2.2.2（a）、(b) 所示。除此之外的接线方式都是错误的,可能造成读数正负符号的错误。在一般情况下,考虑到电流线圈的功耗比电压线路的功耗小,如果负载电阻较大,可略去电流线圈的功耗不计,这时采用电压线圈接电源端[见图 2.2.2（a）]的接线方式较好。在精密测量或电源本身的功率不大而仪表的损耗不能忽略时,功率表的读数应引入校正值,即从读数中减去仪表本身的消耗功率,此时采用电压线圈接负载端[见图 2.2.2（b）]的方式较好。

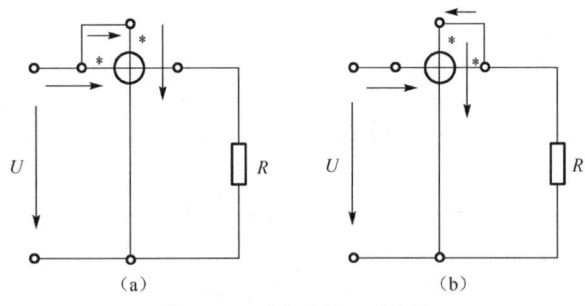

图 2.2.2　功率表的正确接线

（2）功率量程的选择

选择功率表的量程要分别选择电压额定值和电流额定值。一定要使电压量程大于负载电压,电流量程大于负载电流,不能只考虑功率大小。当功率因数很低时,即使电压和电流均达到额定值,根据 $P=UI\cos\varphi$ 可知,这时功率也不能达到额定值。可见功率表量程的选择,实则是选择电压和电流的额定值。在实际测量中,还应接入电流表和电压表,以监视负载电流和电压未超过功率表的额定电压和额定电流值。

3. 三相功率的测量

（1）一表法测三相对称负载功率

在对称三相负载系统中,可用一只功率表测量其中一相负载功率,三相功率等于功率表读数乘 3。功率表的电流线圈通过的是负载的相电流,电压线圈上加的是相电压。测量电路如图 2.2.3 所示。

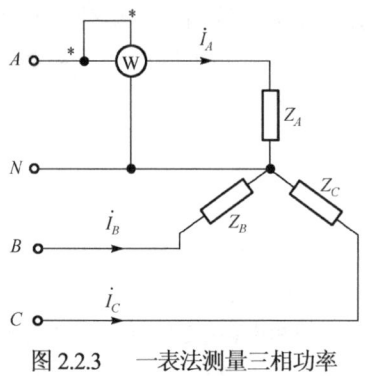

图 2.2.3　一表法测量三相功率

（2）两表法测三相功率

两表法适用于三相三线制,无论负载对称与否,无论采用何种接线方式,都可以使用,其接线方法如图 2.2.4 所示。其特点是两功率表的电流线圈串联到任意两根端线（"*"端接电源侧）,电压线圈的对应端与电流线圈相连接,电压线圈的另一端应与没有电流线圈串联的那根端线相连接,即每次测量时,要保证功率表的电流线圈流过的是相电流,电压线圈上加的是相电压。

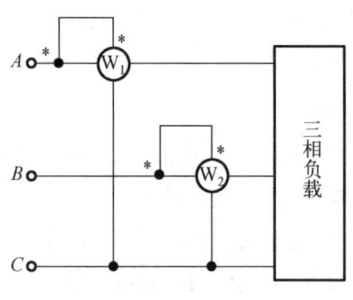

图 2.2.4　两表法测三相功率

可以证明两只功率表读数 P_1、P_2 之和恰好等于三相交流总功率。

（3）三表法测三相功率

三表法适用于三相不对称负载的功率测量，即分别测得三相负载的功率，将它们相加得到总功率。三表法测量时，每次测量功率表的电流线圈通过的是其中一相的相电流，电压线圈上加的是该相的相电压。三相四线制星形电路的测量方法如图 2.2.5 所示。

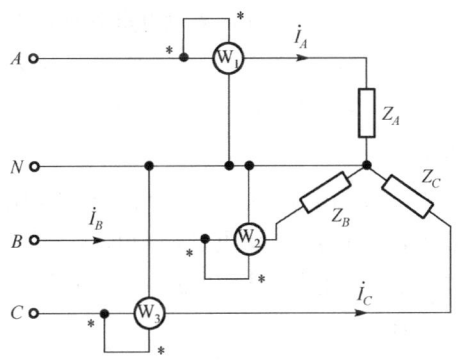

图 2.2.5　三表法测量三相功率

2.2.4　时间、频率和相位的测量

1. 时间的测量

时间的测量在科学技术各个领域都十分重要。时间的测量可用具有时间测量功能的示波器实现。

时间的测量通常是测量信号的周期、脉冲宽度、上升时间、下降时间等。

测量前应对示波器的扫描速率进行校准，将扫描速率微调并置于校准位置，再用示波器本身的校准信号进行校准，检查扫描速率开关标称值是否准确。

若所测时间间隔对应的长度为 L 格（DIV），扫描速率为 W（ms/DIV），X 轴的扩展系数为 k，则所测时间间隔 $T = W \times L \times k$。在测量信号周期时，可以测量信号一个周期的时间，也可以测量 N 个周期的时间，再除以周期个数 N，如图 2.2.6 所示。相对而言，后一种方法产生的误差会小些。

测量脉冲信号的脉冲宽度、上升时间、下降时间等参数，只要按其定义测量出相应的时间间隔即可。其测量方法是一样的。

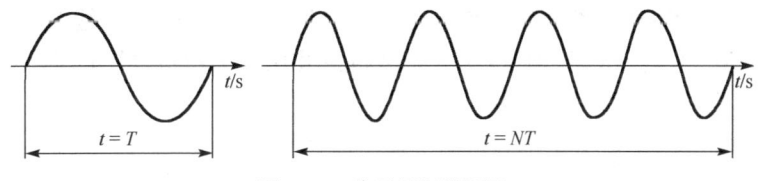

图 2.2.6　信号周期的测量

2. 频率的测量

频率指电信号每秒钟重复变化的次数，可采用示波器和数字频率计测量。

（1）用示波器测量频率

在电气测量中，可以直接使用示波器的"Measure"按键测量波形的频率。另外由于信号的频率与周期是倒数关系，也可以先测量信号的周期，利用求倒数的方法求得信号的频率。

（2）计数法测量频率

在某些设计性电路中，也可以通过数字频率计进行频率测量，计数法的原理是在某个已知标准时间间隔 t 内，测出被测信号重复出现的次数 N，则频率 $f = N/t$。目前广泛采用的数字频率计就是按此原理设计的。

数字频率计用石英晶体振荡器产生高稳定的振荡信号，经分频后产生准确的时间间隔 T，用 T 作为门控信号去控制门的开启时间。开始测量时，先将计数器置零，被测信号经放大整形后，变换成方波脉冲，在门开启时间 T 内通过门，由计数器对通过门的方波脉冲计数，直到门控信号结束，门关闭，停止计数。若被测信号在时间间隔 T 内计数值为 N，则被测信号

频率为 $f = N/T$，最后将测量结果显示出来。

3. 相位的测量

所谓相位测量，通常是指测量两个同频率信号之间的相位差，如测量放大电路的输出信号相对于输入信号的相移特性等。

用双踪示波器测量两个信号之间的相位差是很方便的。测量时，把两个通道的基准线调整至重合，再测试波形。要选定其中一个输入通道的信号作为触发源，调整触发电平，以显示出两个稳定的波形，如图 2.2.7 所示。两波形的相位差为

$$\varphi = \frac{L_\text{X}}{L_\text{T}} \times 360°$$

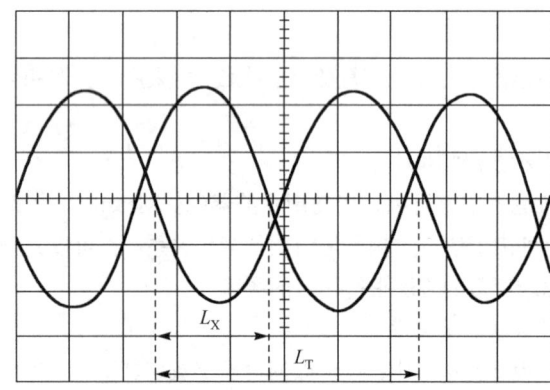

图 2.2.7 相位的测量

2.3 电路基本元器件参数的测量

2.3.1 电阻的测量

电阻是电子电路中最常用的元件，它是耗能元器件，常用于电路中的负载和阻抗匹配等。电阻的主要技术参数有：标称值、允许误差、额定功率、温度系数和时间常数等。标称值是以 20℃ 为工作温度来标定的。

电阻的测量方法通常有以下几种。

1. 欧姆表法

欧姆表法是电阻的直接测量方法，主要是用万用表的欧姆挡来测定电阻。每次测量前将万用表的两个表笔短路调零，并将万用表并联到被测电阻两端。需要注意的是：测量时被测电阻不能带电。

用万用表的电阻挡来测量电阻时，其测量准确度较高。测量高值电阻时，可采用兆欧表，如电机绕组的绝缘电阻。

2. 伏安法

伏安法用电压和电流表分别测出被测电阻两端电压和通过电阻的电流，然后用公式 $R=U/I$ 算出被测电阻的数值，属于间接测量方法。所测结果的准确度，除与所用电压表和电流表的准确度有关，还与测量仪表在电路中的接法有关。

3. 电桥法测量

当对电阻值的测量精度要求很高时，可以采用电桥法进行测量。电桥是一种比较式电路，它将被测量与已知的标准量进行比较，从而确定出被测量的大小。如图 2.3.1 所示的电路即为直流电桥，也称惠斯通电桥，它适用于测量中值电阻（$1 \sim 10^6 \Omega$），图中的 R_1 和 R_2 为固定电阻，称为比率臂，其比例系数为 $K = R_2/R_1$。R_n 为标准电阻，称为标准臂，R_x 为被测电阻，G 为检流计。接好电路，合上电源后，通过调节 K 和 R_n，使电桥达到平衡，即检流计读数为零，读出 K 和 R_n 的值，即可求出

$$R_\text{x} = \frac{R_2}{R_1} R_\text{n} = K R_\text{n}$$

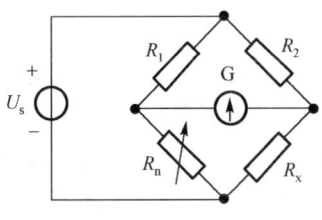

图 2.3.1 直流电桥

2.3.2 电感的测量

电感在电路中具有通过直流电、隔断交流电的作用，因此可以广泛应用于调谐、振荡、滤波、耦合等各种电路。电感的主要技术参数有标称值、最大允许电流、品质因数和分布电容等。标称值指电感在正常工作条件下的电感值。

一个实际的电感往往包含线圈电阻，因此电感的测量主要包括电感值 L 和损耗（通常用品质因数表示）两部分。常用的测量电路如图 2.3.2 所示。

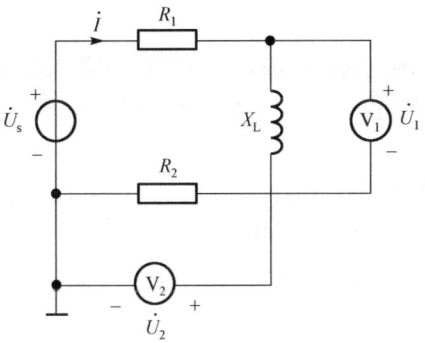

图 2.3.2 电感测量电路

根据复数形式的欧姆定律：$X_L = 2\pi f L = U/I$，在图 2.3.2 中，$\dot{U}_S$ 为交流信号源，R_1 为限流电阻，R_2 为电流取样电阻，R_2 应与信号源共地，用交流电压表分别测量电阻 R_2 两端的电压 U_2 和电感两端的电压 U_1，可得电路中的电流为

$$I = \frac{U_2}{R_2}$$

可求得

$$X_L = \frac{U_1}{I} = \frac{U_1}{U_2} R_2 = 2\pi f L \qquad (2\text{-}3\text{-}1)$$

因此

$$L = \frac{U_1 R_2}{2\pi f U_2}$$

图 2.3.2 所示的电路中，品质因数 Q 为

$$Q = \frac{X_L}{R} \approx \frac{\omega L}{R_1 + R_2}$$

通常希望 Q 值越高越好，以保证损耗功率小、电路效率高、选择性好。由于电感的等效电阻 R 和等效感抗 X 都是频率的函数，所以 Q 是随频率的变化而变化的。

2.3.3 电容的测量

电容在电路中具有通过交流电、隔断直流电的作用，一个电容的主要技术参数有标称电容、额定工作电压、绝缘电阻、介质损耗等。电容器的标称电容是指该电容在正常工作时的电容量。

目前的万用表一般都有电容测量挡，可以测量电容量的大小。在测量电容前，必须将电容短接放电。若显示屏显示"000"，表明电容已被击穿、短路；若显示屏仅出现最高位"1"，表明电容已断路。

【思考与练习】

1. 电压有几种测量方法？
2. 欲测某负载上的工频正弦交流电压，若只需测量其大小，用什么仪器测量最简单？画出测试电路。若还需要测量频率或周期，用什么仪器测量？
3. 欲测某负载上的直流电流，用什么仪器测量最简单？画出测试电路图。
4. 三相功率有几种测量方法？写出它们的适用条件。
5. 画出三相负载三角形连接时用两表法测量三相总功率的电路图。
6. 固定电阻有几种测量方法？

2.4 测量误差的分析与测量数据的处理

2.4.1 测量误差的分析

1. 测量误差的表示方法

（1）绝对误差

测量结果 X 与被测量的真值 A 之差称为绝对误差，记为 Δ。

$$\Delta = X - A \tag{2-4-1}$$

Δ 是一个具有大小、符号和单位的值，反映的是测量结果与真值的偏差程度，但不能反映测量的准确程度。

（2）相对误差

绝对误差 Δ 与真值 A 之比的百分数称为相对误差，记为 δ

$$\delta = \Delta / A \times 100\% \tag{2-4-2}$$

相对误差反映了测量的准确度。

2. 测量误差的分类及减少的主要途径

在实际测量中，测量结果与实际值总是存在差异，这种差异称为测量误差。

（1）系统误差：在多次测量中，遵循一定变化规律或保持不变的误差，称为系统误差。其产生原因有以下几个。

①测量仪器本身的误差：由于测量仪器、仪表引起的误差，有基本误差和附加误差两种。前者是由仪器制造工艺的限制造成的，后者是工作条件不符合仪器造成的。

②测量方法引起的误差：由于测量方法的不完善，或运用了近似公式，或未计入接触电阻、仪表内阻、漏电、热电势等因素造成的误差，还有由于仪器位置放置不恰当引起的误差，都是方法误差。

减少系统误差通常的方法有：a.选择合理的测量方法；b.选择合适的仪表及量程并配上合适的附加装置；c.改善仪表的安装质量和配线方式；d.采用合适的屏蔽措施，除去外电磁场等造成的影响。

（2）随机误差：其大小、符号都没有确定的规律的误差。

由于周围环境的变化（如温度、湿度、磁场、电场、电源等因素），在相同的条件下进行多次相同的测量，会有完全不相同的结果，这种误差称为随机误差。

随机误差是随机的，不可以在一次测量中加以消除，必须重复测量后取测量的算术平均值。测量次数越多，则算术平均值越接近实际值，即误差越小。

（3）疏失误差：测量过程中因测量人员的粗心大意引起测量结果的不正确或读数不正确等造成的误差。

疏失误差往往和正常值有很大的偏差，可以利用这一点将这些错误的数据排除。

2.4.2 测量数据的记录与处理

1. 测量数据的有效数字

在测量中，对数据进行记录时，并非小数点后的位数越多越精确。

由于误差的存在，测量的数据严格说只是一个近似值。有效数字包括两部分："可靠数字"和"欠准数字"，其中后者只能有 1 位，即最后一位，并且最后一位是估计出来的。例如，用最小分度值是 1，量程是 100 mA 的电流表去测量某支路电流时，读数为 72.4 mA，前面的"72"称为"可靠数字"，最后的"4"称为"欠准数字"（即估计读数），则 72.4 mA 的"有效数字"是 3 位。

记录测量数据时，一般只保留 1 位欠准数字。因此，在记录的测量数据中，只有最后 1 位有效数字是欠准数字，它表明被测量可能在最后 1 位数字上变化 1 个单位。例如测得某个电压为 12.4V，"4"是欠准数字，它是估读或末位进舍的结果，有可能是"3"，也有可能是"5"。

"0"在数字中间和数字末尾都算为有效数字，而在数字的头部，则不算是有效数字。有效数字的位数与小数点的位置无关。例如，100、3.50、0.0210 和 0.123 等，它们都是 3 位有效数字。

2.4.3 测量数据的读取与记录

实验过程中，读取和记录数据是实验中非常重要的环节。根据数据的显示方式，可分为数字显示、模拟（指针）显示和波形显示。

以数字式仪表为例，其通常是将测量数据以十进制数字显示出来的，所以可以直接读出被测量的数值，并予以记录而无须再换算。需注意的是，在使用数字式仪表时，若量程选择不当则会丢失有效数字，降低测量精度。例如，用数字电压表测量真值为 1.7 V 的电压，在不同量程时，其显示结果及对应的有效数字位数见表 2.4.1。

表 2.4.1　不同量程时的显示值及有效数字位数

量程选择/V	2	20	200
显示结果/V	1.680	01.68	001.7
有效数字的位数	4	3	2

由表 2.4.1 可知，上例中选择"2 V"的量程最恰当，其他量程都会损失有效数字且误差大。因此，在实际测量时，一般应使被测量的数值小于但接近于所选择的量程，而不可选择过大（或过小）的量程，以免扩大误差（或超量程）。

2.4.4 测量数据的处理

由实验测量得到的数据，往往还看不出实验规律或结果，因此必须对这些实验数据进行整理、计算和分析，才能从中找出实验规律，得出实验结论。常用的实验数据处理方法为列表法和图示法。

1. 列表法

列表法是将测量的数据填写在经过设计的表格上的方法，便于一目了然地得知实验中的各种数据以及各数据之间的简单关系，这是记录实验数据最常用的方法。例如，表 2.4.2 所示是根据电路已知参数，计算和验证的 KCL（基尔霍夫电流定律）中 3 条支路电流 $I_1 + I_2 = I_3$ 的关系。从表中看出，理论计算的数据符合 KCL，测量的数据同样也基本符合 KCL，同时计算相对误差均小于±5%，说明测量数据基本可信。

表 2.4.2　验证 KCL 的表格

支流电流	I_1	I_2	I_3
理论计算值/mA	7.26	5.62	12.88
测量指示值/mA	7.15	5.50	12.31
计算相对误差/%	-1.5	-2.1	-4.4

不同的实验内容，表格的样式也不尽相同。设计表格的关键是预先分布好测试点，选择的测试点必须能够准确反映测试量之间的关系，以便发现实验结果的变化规律。因此要特别注意不要遗漏一些关键的测试点。例如对于线性变化规律的测试量，对应于直角坐标系的两个截距通常就是关键点；对于非线性的测试量，若测试的曲线有转折区域时，则

在曲线的拐点附近要多选择几组测试点,才能比较精确地描绘出测试曲线的变化情况。

2. 图示法

图示法是将测量数据用曲线或其他图形表示的方法。在研究几个物理量的关系时,用图形来表示它们之间的关系,往往比用数字、公式和文字表示更形象、直观。图示法中常用各种曲线反映测量结果。绘制曲线时要注意以下几点。

(1) 选择合适的坐标系。一般有直角坐标系、极坐标系和对数坐标系,不同的坐标系应选用各自专用的坐标纸描绘。

(2) 正确标注坐标轴。一般横坐标代表自变量,纵坐标代表因变量。在横、纵坐标轴的末端要标明其所代表的物理量及其单位,并恰当地进行坐标分度。

(3) 合理选取测试点。被测量的最大值和最小值都必须被测出;在曲线变化陡峭和拐点部分要多取几个测试点,在曲线变化平缓部分可少取一些测试点。

(4) 分别标明记号。在坐标纸上标出测试点的对应位置。测试点的记号可用"·""○""×""△"等表示,同一条曲线测试点的记号要求相同,不同类别的数据,则应以不同的记号加以区别。

(5) 修匀曲线。在实际测量过程中,由于测量数据的离散性,若将这些测试点直接连接起来,所得到的曲线将呈折线状,如图 2.4.1 所示的虚线部分。但这样的曲线往往是错误的,应视情况绘出拟合曲线,使其成为一条光滑均匀的曲线,这个过程称为曲线的修匀,如图 2.4.1 所示的实线部分。也就是说,对于明显脱离大多数测量数据所反映规律的个别点(称为奇异点),在修匀曲线的过程中应予以剔除。

特别是对于一些复杂的实验电路,借助仿真软件进行仿真实验,可以预先了解实验数据以及曲线、波形或其他图形的变化趋势,这对于判断实验结果以及描绘曲线等,都很有帮助。

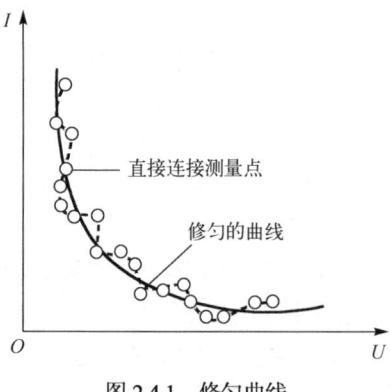

图 2.4.1 修匀曲线

【思考与练习】

1. 简述测量误差的定义和误差的来源,绝对误差和相对误差有何联系和区别?

2. 测量两个电压,分别得到它的测量值为 9V、101V,它们的真值分别为 10 V、100 V,求测量的绝对误差和相对误差。

第三章 电路设计与仿真

3.1 Multisim 在电路设计中的应用

电路设计是电子产品设计、开发和制造过程中十分关键的一步。在电子技术的发展历程中,传统的设计方法是首先由设计人员根据经验,利用现有通用元器件,完成各部分电路的设计、搭试以及性能指标测试,然后构建整个系统,最后经调试、测量达到规定的指标。这种方法不但花费大、效率低、周期长,而且基本上只适用于早期的较为简单的电子产品的设计,对于比较复杂的电子产品的设计并不适用。

电子设计自动化(Electronic Design Automation,EDA)是以计算机为工作平台,融合电子技术、计算机技术、信息处理技术、智能化技术等成果而研制的设计软件系统。它从系统设计入手,先在顶层进行功能划分、行为描述和结构设计,然后在底层进行方案设计与验证、电路设计与PCB(印制电路板)设计。通过种方法,设计过程的大部分工作(特别是底层工作)均由计算机自动完成。采用 EDA 技术不仅可使设计人员在计算机上实现电子电路的设计、印刷电路板的设计和实验仿真分析等工作,而且可在不建立电路数学模型的情况下对电路中各个元器件存在的物理现象进行分析。因此,被誉为"计算机里的电子实验室"。EDA 是当今电子设计的主流手段,也代表着电子设计的技术潮流,也是电子设计人员必须掌握的一门技术。

电子电路设计与仿真软件 Multisim 是从电路仿真设计到版图生成全过程的电子设计工作平台,是一套功能完善、方便使用的 EDA 工具。其中,Multisim14 是 National Instruments(NI)推出的新版本,提供了相当广泛的元器件,从无源元器件到有源元器件、模拟元器件到数字器件、分立元器件到集成电路,有数千个元器件模型;同时提供了种类齐全的电子虚拟仪器,操作类似于真实仪器。此外,还提供了电路的分析工具,以完成对电路的稳态和瞬态分析、时域和频域分析、噪声和失真分析等,帮助设计者全面了解电路性能。通常在电路设计实际操作之前,使用 Multisim 软件先完成仿真实验,优化参数,并获得接近于理论计算的(仿真)数据。

3.1.1 Multisim14 界面

Multisim14 启动以后的操作界面如图 3.1.1 所示。主要包含以下几个部分:仿真窗口、标题栏、菜单栏、工具栏、元器件库、虚拟仪器仪表库以及工程栏等。界面中带网格的部分就是仿真窗口,是 Multisim14 的主工作窗口,所有电路的输入、连接、编辑、测试及仿真均在该窗口内完成。

图 3.1.1 Multisim 14 操作界面

1. 主菜单栏

Multisim14 主菜单栏如图 3.1.2 所示。其主要由文件、编辑、视图、绘制、MCU、仿真、转移、工具、报告、选项、窗口、帮助等下拉菜单构成。这些下拉菜单提供对电路进行编辑、视窗设定、添加元器件、单片机专用仿真、生成报表、系统界面设定以及提供帮助信息等功能。

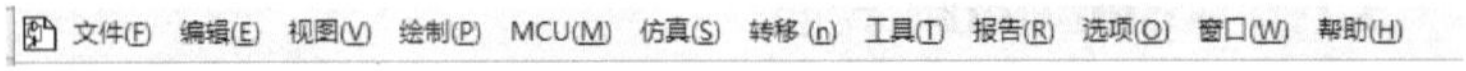

图 3.1.2　主菜单栏

2. 元器件库

Multisim14 软件提供了丰富的、可扩充的和自定义的电子元器件。元器件根据类型不同被分为 18 个元器件库，这些元器件库均以图标形式显示在主窗口界面上，如图 3.1.3 所示。下面简单介绍电路实验中常用元器件库所含的主要元器件。

图 3.1.3　元器件库

使用时需要注意的是，Multisim14 提供的元器件有实际元器件和虚拟元器件两种：虚拟元器件的参数可以修改，而每一个实际元器件都与实际元器件的型号相对应，参数不可改变。在设计电路时，尽量选取在市场上可买到的实际元器件，并且在仿真完成后直接转换为 PCB 文件。但在选取不到某些参数或要进行温度扫描、参数分析时，可以选取虚拟元器件。

（1）信号源库（Source）

信号源库包括：独立电源、信号电压源、信号电流源、受控电压源、受控电流源以及控制功能块等，如图 3.1.4 所示。

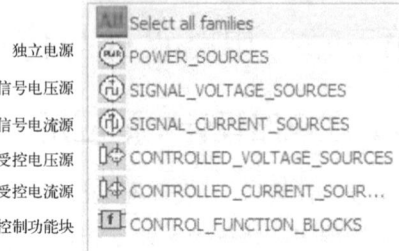

图 3.1.4　信号源库

（2）基本元器件库（Basic）

基本元器件库包括：电阻、电容、电感、变压器、继电器、可变电阻、电阻排等，如图 3.1.5 所示。

图 3.1.5　基本元器件库

（3）指示元器件库（Indicators）

指示元器件库包括：电压表、电流表、探测器、蜂鸣器、灯泡、虚拟灯泡、十六进制显示器、条形光柱等。如图3.1.6所示。

图3.1.6 指示元器件库

3. 测试仪器仪表库

（1）Multisim14提供的仪器仪表

仪器仪表是在电路测试中必须用到的工具，Multisim14测量仪器仪表库界面如图3.1.7所示。Multisim14的虚拟仪器仪表除包括一般电子实验室常用的测量仪器外，还拥有一些一般实验室难以配置的高性能测量仪器，如安捷伦的33120型函数信号发生器、安捷伦54622D示波器、泰克的TDS2040型4通道示波器、逻辑分析仪等。这些虚拟仪器不仅功能齐全，而且它们的面板结构、操作几乎和真实仪器一模一样，使用非常方便。

（2）常用仪器仪表的使用

① 万用表

Multisim14提供的仪器仪表都有两个界面，分别称为图标和面板。图标用来调用，而面板用来显示测量结果。

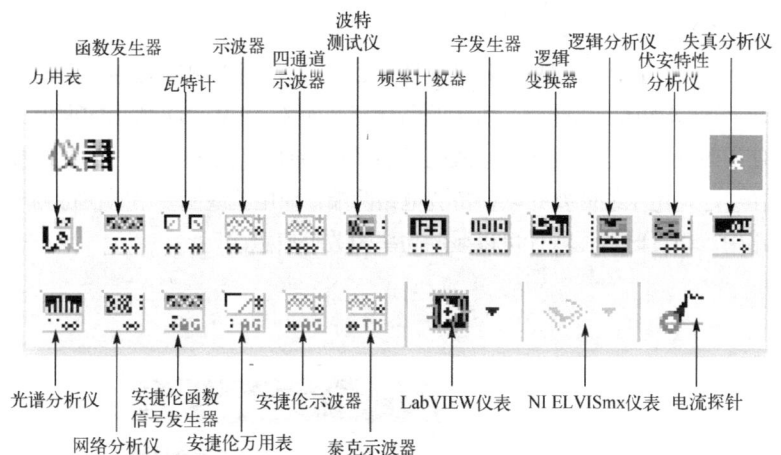

图3.1.7 测量仪器仪表库界面

万用表的图标和面板如图3.1.8所示。在仿真窗口中双击如图3.1.8（a）所示的万用表图标，会出现如图3.1.8（b）所示的面板。使用时的连接方法、注意事项与实际万用表的用法相同。设有正、负极接线端，用于测量电压、电流、电阻和分贝值。

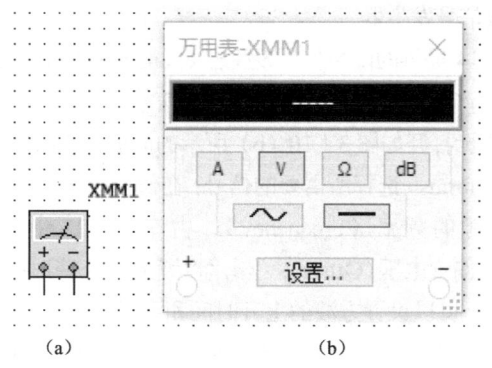

图3.1.8 万用表

② 瓦特计

Multisim14 提供的瓦特计如图 3.1.9 所示，用来测量电路的功率。

双击如图 3.1.9（a）所示的图标打开如图 3.1.9（b）所示的面板。使用时应注意电压线圈的接线端子的"+"端与电流线圈的"+"要连接在一起，电压线圈要并联在待测电路两端，而电流线圈要串联在待测电路中。仿真时，瓦特计可以显示功率因数等信息。

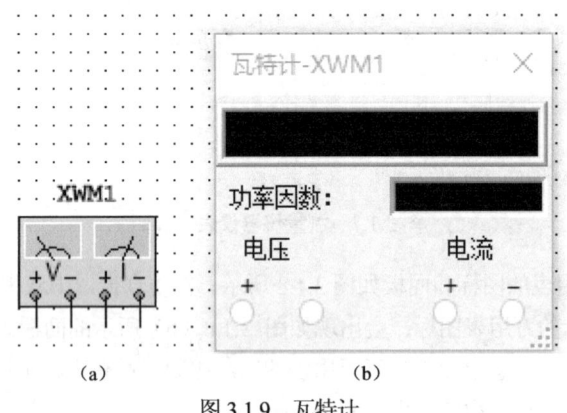

图 3.1.9 瓦特计

③ 函数信号发生器

Multisim14 提供的函数信号发生器（Function Generator）如图 3.1.10（a）所示，是用来产生正弦波、三角波和方波信号的仪器。双击如图 3.1.10（a）所示的图标打开如图 3.1.10（b）所示的面板。使用时可根据要求在波形区（Waveforms）选择所需要的信号；在信号选项区（Signal Options）可设置信号源的频率（Frequency）、占空比（Duty Cycle）、振幅（Amplitude）、偏置电压（Offset）；单击"设置上升/下降时间（Set Rise/Fall Time）"按钮，可以设置方波的上升时间和下降时间。

函数信号发生器上有"+""COM""−"三个接线端子，连接"+"和"COM"端子时，输出为正极性信号；连接"COM"和"−"端子时，输出为负极性信号；同时连接三个端子，且将"COM"端接地时，则输出两个幅度相同、极性相反的信号。

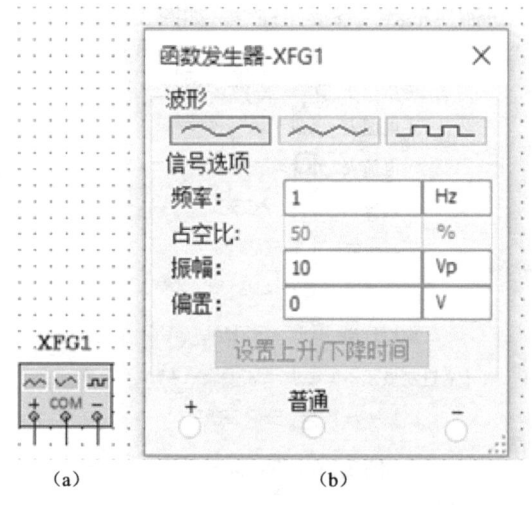

图 3.1.10 函数信号发生器

④ 示波器

Multisim14 提供的双通道示波器（Oscilloscope）如图 3.1.11 所示。双击如图 3.1.11（a）所示的图标打开如图 3.1.11（b）所示的面板。面板上有 A、B 两个通道信号输入端，以及外部触发信号输入端。可在面板里分别设置两个通道 Y 轴的刻度、扫描线的位置、触发电平等。

为了在示波器屏幕上区分不同通道的信号，可以给不同通道的连线设定不同的颜色，波形颜色就是相应通道连线的颜色。设定方法为右键单击连线，弹出快捷菜单，选择其中的"区段颜色（Segment Color）"选项，就可方便地改变连线的颜色。

其他测试仪器仪表的使用方法请读者查阅相关资料或通过实践了解掌握。

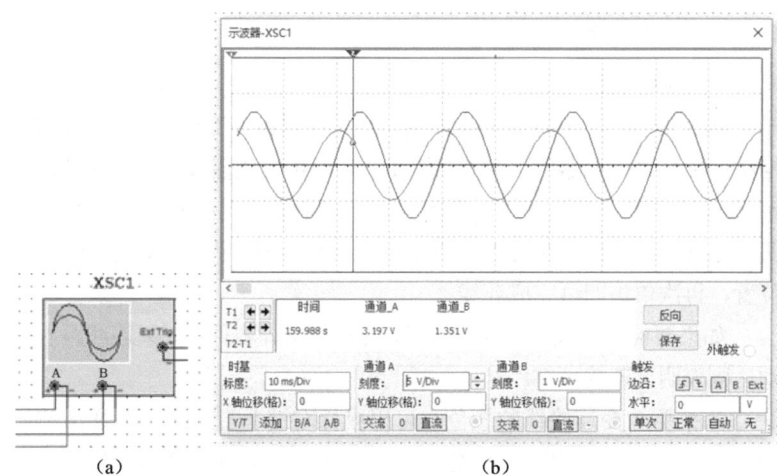

图 3.1.11 示波器

3.1.2 建立电路

运行 Multisim14，它会自动打开一个空白的电路文件。也可以通过"新建"按钮，新建一个空白的电路文件。

1. 界面设置

创建电路时，可对 Multisim14 的基本界面进行一些必要的设置，使得在调用元器件和绘制电路时更加方便。

在菜单栏中选择"选项"→"电路图属性"菜单命令，将弹出对话框。在此对话框中可设置是否连续放置元器件，设定是否显示元器件的标识、序号、参数、属性、电路的节点编号，选择电子图纸电子平台的背景颜色和元器件颜色，设置电子图纸是否显示栅格、纸张边界、纸张大小，设置导线和总线的宽度以及总线布线方式，设定符号标准等。Multisim14 提供了两套元器件标准：美国标准（ANSI）和欧洲标准（DIN），我国的现行标准比较接近欧洲标准，所以设定为欧洲标准。

2. 元器件调用

（1）查找元器件

Multisim14 中有两种方法可以查找元器件。一是分门别类地浏览查找，二是输入元器件名称搜索查找。第一种方法适合初学者和对元器件名称不太熟悉的人员，后一种方法适合对元器件库比较熟悉的使用者。这里主要介绍第一种方法。

在元器件工具栏上单击任何一类元器件的按钮，将弹出元器件库浏览窗口，元器件库浏览窗口如图 3.1.12 所示。在该浏览窗口中首先在"组"下拉列表中选择相应元器件组，再在"系列"选项栏中选择相应系列，这时，"元器件"区弹出该系列的所有元器件列表，选择需要的元器件，功能区就出现了该元器件的信息。

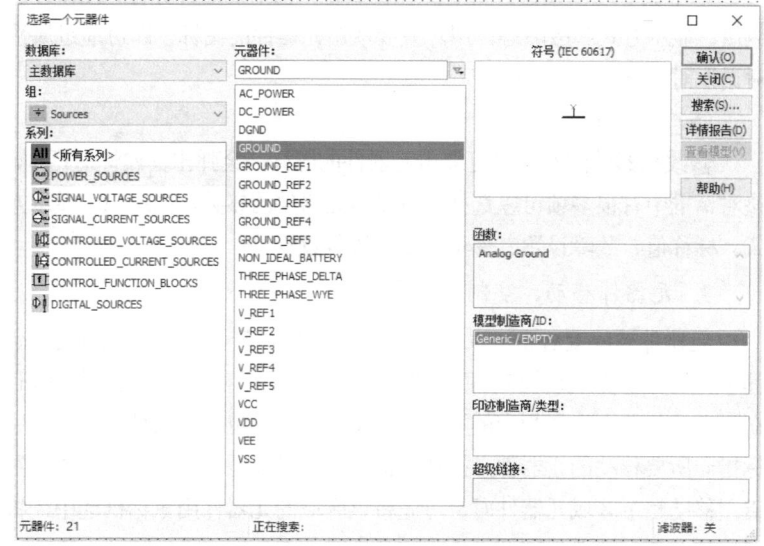

图 3.1.12 元器件库浏览窗口

(2) 取用放置实际元器件

实际元器件即在市场上可买到的元器件。取用时，选择所要取用元器件所属的实际元器件库，选择相应的组和系列，再从元器件列表中选取所需的元器件，单击"OK"按钮，此时元器件被选中，电路窗口中出现浮动的元器件，将该元器件拖至合适的位置，单击鼠标放置该元器件即可。

(3) 取用虚拟元器件

取用方法和取用实际元器件一样。不同的是虚拟元器件的参数值可由用户自行定义，所设置的参数可以是实际元器件所没有的，可由用户根据自己的需要进行设置。

(4) 设置元器件属性

每个被取用的元器件都有默认的属性，包括元器件标号、元器件参数值、显示方式和故障等，用户只要双击元器件的图标，即可通过属性对话框对其属性进行修改。

(5) 元器件参数修改

修改元器件的参数，可双击元器件的图标，会弹出其属性对话框。该对话框中有很多项可以选择，可以对元器件的参数，如标识、显示方式、标称值、故障设置、变量设置等进行设置。

3. 元器件移动、复制、删除

元器件被放置后还可以任意剪切、复制、旋转、着色、移动和删除。其中剪切、复制、旋转和着色等操作，可通过鼠标右键单击元器件按钮，在弹出的菜单中选择相应的操作命令实现。移动单个元器件时，可用鼠标指向所要移动的元器件，按住左键，拖动鼠标至合适位置后再放开左键；移动整个区域元器件时，可先将该区域的元器件用鼠标框选中，将鼠标放至任一元器件图标上方，按住左键，拖动鼠标进行移动。删除元器件时，只需选中该元器件，然后按 Delete 键即可，但此操作在仿真（运行）模式下不能执行。

4. 元器件连接

将元器件选中并放置到电路窗口后，用鼠标左键单击元器件引脚，拖动鼠标至目标元器件引脚并再次单击，即可完成连接。在连线过程中按 ESC 键或单击右键可终止连接。如果需要断开已连好的导线并移动至其他位置，将鼠标放在要断开的位置单击后，移动鼠标至新的引脚连接位置，再次单击即可完成连线。

如果要检验连线是否连接可靠，可以拖动元器件，如果连线跟着移动，则表明已连接可靠。

如果要改变连接线的颜色，可用鼠标右键单击连线，在弹出的如图 3.1.13 所示的菜单中选择"区段颜色"选项，即可修改连线的颜色。

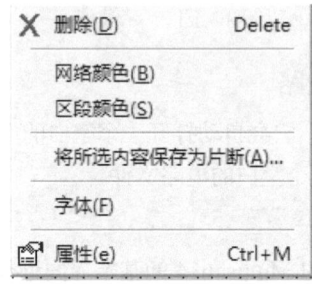

图 3.1.13 改变线条颜色

5. 仪器的调用及连接

仪器的调用及连接方法和元器件的调用及连接方法相同。鼠标单击虚拟仪器仪表工具栏上的相应仪器，鼠标箭头将变成虚拟仪器的图标，再次单击即可调入仪器。然后将仪器仪表连入待测电路。

仿真电路创建成功，并连接测试仪器仪表后，则可对文件进行保存，用于后续运行仿真、查看分析、测试结果等。

3.1.3 电路仿真分析

电路连接完成后,就可以通过 Multisim14 对建立的电路进行仿真分析。

Multisim14 提供了器件特性分析、直流工作点分析、交流分析、瞬态分析、傅里叶分析、噪声分析、失真分析、直流扫描分析、灵敏度分析、参数扫描、温度扫描、零极点分析、传输函数分析、批处理分析、用户定义分析等分析功能。选择主菜单中的"Simulate/Analyses"选项即可看到结果。下面将通过几个简单的电路进行电路的建立和仿真分析示例。

1. RC 电路的瞬态分析

电路瞬态过程可通过瞬态分析(Transient Analysis)仿真,如 RC 电路的电容充电过程的分析。首先创建 RC 电路,假定电容的初始电压为 0,换路后的电路中电容上电压的响应为零状态响应,其电压随时间按照指数规律变化,利用瞬态分析可清楚地显示电压的变化曲线。

(1)RC 电路如图 3.1.14 所示。分析时选择节点变量,让电路中的节点编号都显示出来。方法是选择"选项"→"电路图属性"菜单命令中的"电路图可见性"对话框,在"网络名称"的属性设置中单击"全部显示"选项,节点编号就会显示出来,如图 3.1.14 所示。

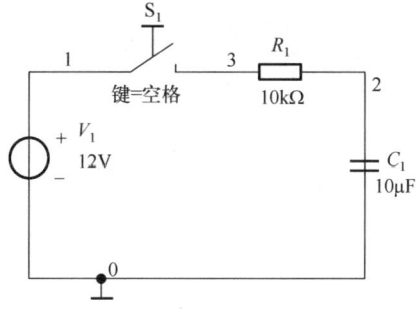

图 3.1.14 RC 电路的瞬态分析

(2)选择"仿真"→"Analyses and Simulation"菜单命令,单击"瞬态分析"选项,即可打开瞬态分析对话框,在初始条件设定区用来设置初始条件,这里设初始条件为 0。同时设定起始时间、结束时间以及最大时间步长,如图 3.1.15 所示。

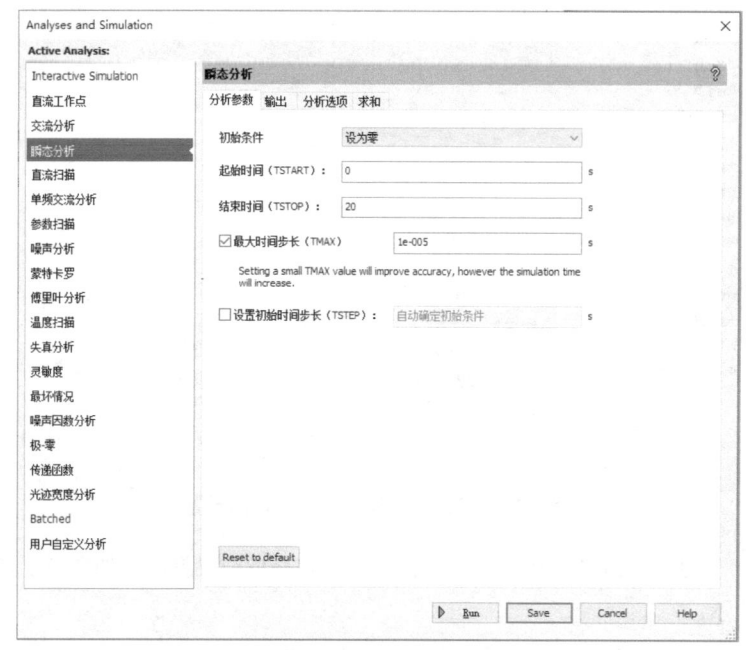

图 3.1.15 RC 电路瞬态分析的分析参数

还需要在"输出"选项卡中选择分析的节点变量,其中带 V 的节点变量标识的是该节点的电压变量;带 I 的节点变量是流过该节点的电流变量。这里分析电容上的电压变化过程,所以选择节点 2 的电压变量作为分析变量。即从左边的备选变量栏中选择 V(2)变量,单击"添加"按钮就可以将其加到右侧的分析变量栏中,如图 3.1.16 所示。

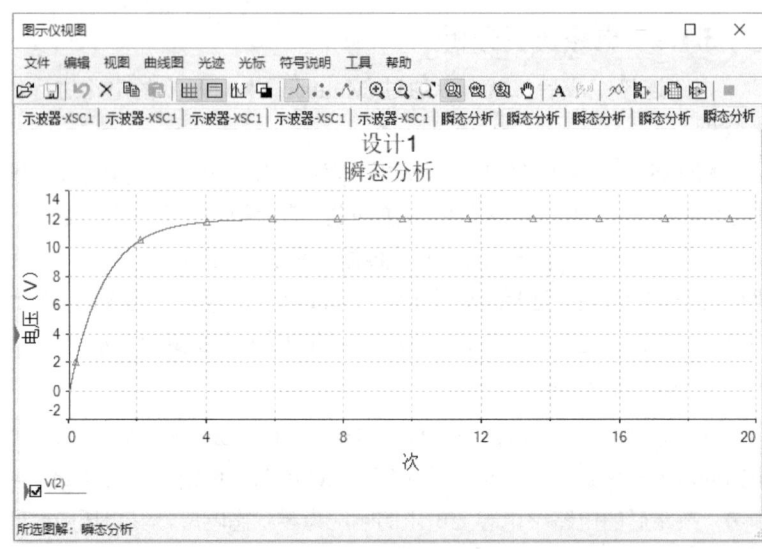

图 3.1.16　RC 电路瞬态分析的输出设置

图 3.1.17　文氏桥 RC 选频电路瞬态分析的结果

（3）单击"运行"按钮，将弹出瞬态分析结果界面，如图 3.1.17 所示。

2. 用虚拟仪器分析文氏桥 RC 选频电路

因为 Multisim14 的测试仪器库包括一般电子实验室常用的测量仪器和一些高性能测量仪器，因此在 Multisim14 上进行电子电路的仿真测试时，可以像在实验室一样选择合适的虚拟仪器进行测量。如图 3.1.18 所示的文氏桥 RC 选频电路，可以用万用表的交流挡测试电路的电压、电流值，用双踪示波器测试输入输出波形，还可以用波特仪测试电路的频率特性。

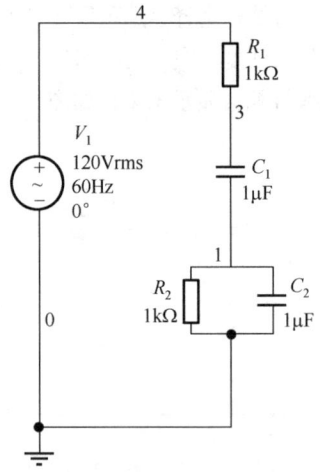

图 3.1.18　文氏桥 RC 选频电路

（1）电压、电流的测试

文氏桥 RC 选频电路具有结构简单，稳定可靠的特点，得到了广泛应用。

在仪表工具栏中单击"万用表"按钮，建立测试电路（见图3.1.19）。双击"万用表"图标，单击"执行"按钮后得到 RC 并联电路（节点4）上电压的有效值和电路中电流的有效值。

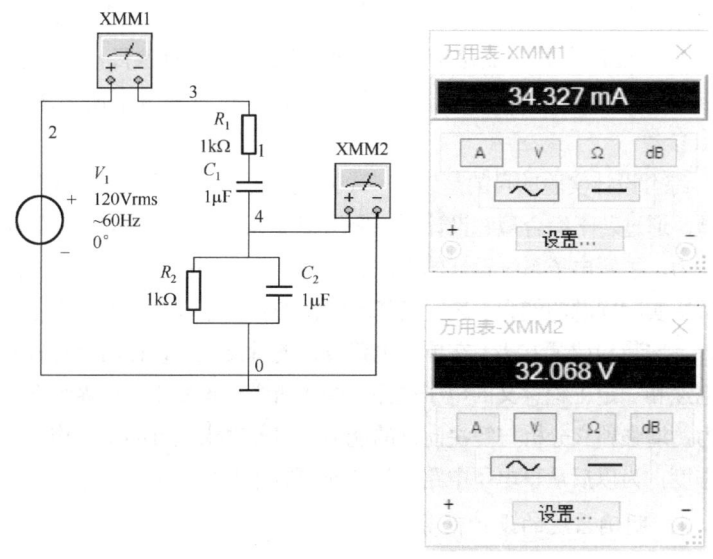

图 3.1.19　文氏桥 RC 选频电路电压电流的测试

根据万用表的读数可以得到

$$U=32.068\text{V}$$

$$I=34.327\text{mA}$$

（2）输入、输出电压波形及电压放大倍数的测试

在仪表工具栏中单击"双踪示波器"按钮，通道 A 用于测试输入电压的波形，通道 B 用于测试输出电压的波形。双击"示波器"图标，单击"仿真"按钮后得到输入、输出波形，如图3.1.20所示。

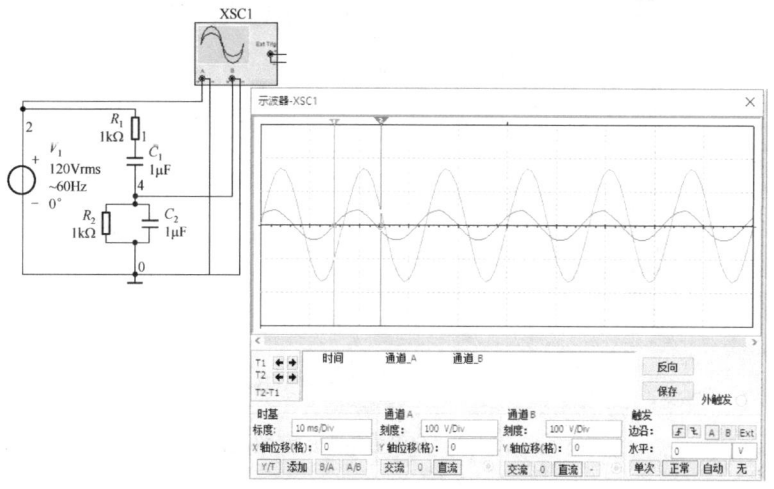

图 3.1.20　输入、输出波形的测试

（3）频率特性的测试

文氏桥 RC 选频电路的频率特性可采用交流分析方法，分析步骤如下。

① 选择"仿真"→"分析"→"交流分析"菜单命令，在"频率参数"选项卡中设置频率范围为 1Hz～1GHz，其余为默认设置，如图3.1.21所示。

② 在"输出"选项卡中选择节点 V（1）作为输出。

③ 单击"仿真"按钮进行分析，得到幅频特性和相频特性，如图3.1.22所示。

频率特性的分析也可采用虚拟仪器分析。在仪表工具栏中单击"波特图仪"按钮，将"IN"和"OUT"端子分别接电路的输入和输出信号，即可观测仿真结果。

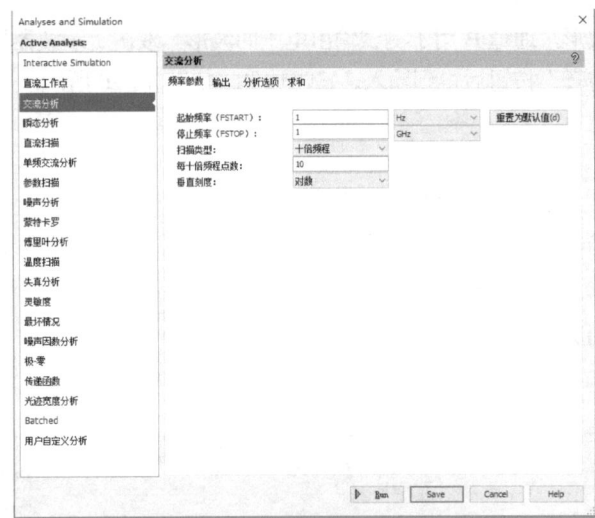

图 3.1.21 "交流分析"的参数设置

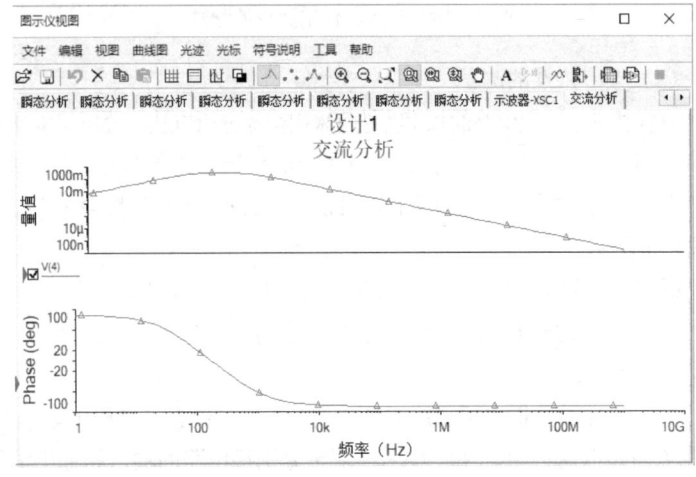

图 3.1.22 文氏桥 RC 选频电路的频率特性

【思考与练习】

1. 在 Muhisim14 上，用示波器观察信号发生器产生的各种波形。不断改变信号参数，记录示波器的显示状态。

2. 用 Muhisim14 仿真二阶电路的过渡过程，用示波器观察二阶电路响应的波形。

3.2 设计实验的方法与步骤

综合设计实验一般是给出一个设计任务或实验题目，规定指标和参数，要求自主设计和实现实验方案，并达到任务书所要求的指标和参数。

综合设计实验的目的是站在一个新的、更高的台阶上，审视和考虑问题，通过若干综合型、设计型、应用型实验，锻炼系统应用已学知识的能力，了解电子系统设计的方法、步骤、思路和程序，进一步提高独立解决实际问题的能力。运用已基本掌握的具有不同功能的单元电路的设计、安装和调试方法，在单元电路设计的基础上，设计出具有各种不同用途和一定工程意义的电子电路。深化所学理论知识，培养综合运用能力，增强独立分析与解决问题的能力。培养严肃认真的工作作风和科学态度，为以后从事电子电路设计和研制打下基础。

1. 明确系统的设计任务和要求

对系统的设计任务进行具体分析，仔细研究题目，反复阅读任务书，明确设计和实验要求，充分理解题目的要求、每项指标的含义，这是完成综合设计和实验的前提。如果没有搞清题目的要求和出题者的意图，就会浪费许多时间和精力而没有达到实验的目的。

2. 总体方案确定

方案选择的重要任务是针对系统提出的任务、要求和条件，查阅资料，广开思路，提出尽量多的方案，仔细分析每种方案的可行性和优缺点，加以比较，从中选取合适的方案。电子系统总体方案的选择，将直接决定电子系统设计的质量。因此，在进行总体方案设计时，要多思考、多分析、多比较。要从性能稳定性、工作可靠性、电路结构、成本、功耗、调试维修等方面，选出最佳方案。在选择过程中，常用框图表示各种方案的基本原理。框图一般不必画得太详细，只要说明基本原理就可以了。

方案一旦选定，就着手构筑总体框图，将系统分解成若干模块，明确每个模块的大体内容和任务、各模块之间的连接关系以及信号在各模块之间的流向等。总体方案与框图十分重要，可以先来构建总体方案与框图，再将总体指标分配给各个模块，指挥与协调各模块的工作，以达到总体项目的完成。完整的总体框图能够清晰地表示系统的工作原理，各单元电路的功能，信号的流向及各单元电路间的关系。

3. 单元电路设计

各模块任务与指标确定后，就可以设计模块中的单元电路了，包括具体电路的形式、电路元器件的选择、参数的计算等。这一阶段可以充分检验基础理论知识和工程实践能力，检验学生能否将多门课程的知识综合、灵活地应用，对单元电路的原理和功能是否真正理解透彻，能否将各种单元电路巧妙地组合成一个系统来完成某项任务等。

每个单元电路设计前都需明确本单元电路的任务，详细拟定出单元电路的性能指标。注意各单元电路之间的相互配合和前后级之间的关系，尽量简化电路结构。注意各部分输入信号、输出信号和控制信号的关系。注意前后级单元之间信号的传递方式和匹配，应使各单元电路的供电电源尽可能统一，以使得整个电子系统简单可靠。选择单元电路的组成形式，可以模仿成熟、先进的电路，也可以进行创新或改进，但必须保证满足性能要求。必要时，还应该参阅一些课外资料。

（1）参数计算

在进行电子电路设计时，应根据电路的性能指标要求决定电路元器件的参数。例如根据电压放大倍数，决定反馈电阻的取值；根据振荡器要求的振荡频率，利用公式可算出振荡频率对应的电阻和电容数值等。但一般满足电路性能指标要求的理论参数值不是唯一的，设计者应根据元器件的性能、价格、体积及通用性等方面灵活选择。计算电路参数时应理解电路的工作原理，正确利用计算公式，满足设计要求。需要注意以下几点。

① 在计算元器件工作电流、电压和功率等参数时，应考虑工作条件最不利的情况，并留有适当的余量。

② 对于元器件的极限参数必须留有足够的余量，一般取 1.5～2 倍的额定值。

③ 对于电阻、电容参数的取值，应选计算值附近的标称值。电阻一般小于 1MΩ；非电解电容一般在 100pF～0.47F 之间；电解电容一般在 1μF～2000μF 之间。

④ 在保证电路达到性能指标要求的前提下，尽量减少元器件的品种、价格及体积等。

（2）元器件选择

电路是由若干元器件构成的，对元器件性能的深入了解和熟练应用是保证正确设计和达到设计指标的关键之一。有时候，一个元器件的应用或一个新的元器件的出现，将会使系统变得十分容易实现，所以应尽量广泛了解元器件，除教材以外，平时可以多看参考资料，上网去查一查，到电子市场去逛一逛，使自己的头脑中"存储"更多的元器件。需要的时候，将会熟能生巧，应用自如。

一般情况下，在元器件选择方面，建议在保证电路性能的前提下，尽量选用常见的、通用性好的、价格相对低廉、手头已有或容易买到的。一切从实际需求出发，将元器件与集成电路巧妙地结合起来，而且尽量应用集成电路，以使系统简化，体积缩小，可靠性提高。在确定元器件时，应全面考虑电路处理信号的频率范围、环境温度、所占空间、成本等诸多因素。

① 集成电路的选择。如果分立元器件组成的电路和集成电路能实现相同功能，应优先选集成电路。由于集成电路可以实现很多单元电路甚至整机电路的功能，所以选用集成电路设计单元电路和总体电路既方便又灵活，它不仅能使系统体积缩小，而且性能可靠，便于调试及安装，可大大简化电子电路的设计。例如，随着模拟集成技术的不断发展，适用于各种场合的集成运算放大器不断涌现，只要外加极少量的元器件，利用集成运算放大器就可构成性能良好的放大器。同样，目前在进行直流稳压电源设计时，已很少采用分立元器件进行设计了，取而代之的是性能更稳定、工作更可靠、成本更低廉的集成稳压器。

选择的集成电路不仅要在功能和特性上实现设计方案，而且要满足功耗、电压、速度、价格等多方面要求。集成电路有模拟集成电路和数字集成电路。器件的型号、功能、特性、管脚等可查阅有关手册。集成电路的品种很多，选用方法一般是"先粗后细"，即先根据总体方案考虑应该选用什么功能的集成电路，然后考虑具体性能，最后根据价格等因素选用某种型号的集成电路。

应熟悉集成电路的品种和典型产品的型号、性能、价格等，以便在设计时能提出较好的方案，且较快地设计出单元电路和总电路。集成电路的常用封装方式有三种：扁平式、直立式和双列直插式，为便于安装、更换、调试和维修，一般情况下，应尽可能选用双列直插式集成电路。

② 阻容元器件的选择。电阻和电容种类很多，是两种最常见的元器件，不同种类性能相差很大，应用的场合也不同。因此，对于设计者来说，应熟悉各种电阻和电容的主要性能指标和特点，以便根据电路要求，对元器件做出正确的选择。设计时要根据电路的要求选择性能和参数合适的阻容元器件，并要注意功耗、容量、频率和耐压范围是否满足要求，以正确选择电阻和电容。

③ 分立元器件的选择。分立元器件包括二极管、晶体三极管、场效应管、光电二极管、光电三极管、晶闸管等。使用时要根据其用途分别进行选择，选择的元器件种类不同，注意事项也不同。首先要熟悉这些元器件的性能，掌握它们的应用范围；再根据电路的功能要求和元器件在电路中的工作条件，如通过的最大电流、最大反向工作电压、最高工作频率、最大功率等，确定元器件型号。例如选择晶体三极管时，首先注意是 NPN 型还是 PNP 型管，是高频管还是低频管，是大功率管还是小功率管，并注意其参数是否满足电路设计指标的要求。

4. 计算机仿真优化

电子系统的方案选择、电路设计以及参数计算和元器件选择基本确定后，要考虑方案的选择是否合理，电路设计是否正确，元器件选择是否经济。传统的设计方法只能通过实验来解决以上问题，这样不仅延长了设计时间，而且需要大量元器件，有时设计不当还可能烧坏元器件，因此设计成本高。而利用 EDA 技术，可对设计的电路进行分析、仿真及虚拟实验，不仅提高了设计效率，而且可以通过反复仿真、调试、修改得到一个最佳方案。目前应用较为广泛的电子电路仿真软件有 PSpice 和 Multisim。

在这一阶段，先充分利用 EDA 软件帮助设计单元电路，优化调整电路结构和元器件数值，直到达到设计要求。当各单元电路的理论设计和计算机仿真的结果符合要求时，还要将各单元连接起来仿真，观察总体指标是否达到要求，各模块之间的配合是否合理正确，信号流向是否顺畅；如果发现有问题，还要回过头来重新审视各部分电路的设计，进一步调整，改进各部分电路的设计和连接关系。这一过程可能要反复多次，直到计算机仿真结果证明电路设计确实正确无误为止。

5. 硬件组装、调试与测量

在优化设计和软件仿真的基础上，要进行硬件装配、调试和指标的测量。因为仿真的最终目的是要做出能够实现某些功能的电路或设备，仅仅停留在计算机仿真上是不够的，更何况计算机仿真与硬件实际还有一定的差距，不能完全等同，模拟电路更是如此。只有在计算机仿真的基础上，通过实际电路的装配、调试，实际元器件的应用，实际电子仪器的测试，才能真正锻炼和培养自身的工程实践能力，提高实验技能。

课程设计中硬件电路的组装通常根据实验室的条件和课程要求分为以下几种。

（1）在印制电路板上焊接。

采用此种方法应首先将仿真调试好的电路借助计算机软件对印制电路板（PCB）进行辅助设计。Altium Designer 是绘制 PCB 常用的软件。设计完成后采用送厂家加工或手工制版的方法完成 PCB 的制作。再根据电路图将元器件安装焊接至 PCB。首先要求焊接牢靠、无虚焊，其次是优化焊点的大小、形状及表面粗糙度等。焊接前，必须把焊点和焊件表面处理干净，轻的焊件可用酒精擦洗，重的焊件要用刀刮或砂纸磨，直到露出光亮金属后再蘸上焊剂并镀锡，将被焊的金属表面加热到焊锡熔化的温度。PCB 的设计、制作及元器件的焊接技术，读者可参考其他资料。

（2）在面包板或实验箱上接插。

在进行电子系统设计或课程设计时，为了提高元器件的重复利用率，往往在面包板或实验箱上插接电路。首先根据电路图的各部分功能确定元器件在面包板或实验箱上的位置，并按信号的流向将元器件按顺序连接，以便于调试。插接集成电路时首先应认清方向，不要倒插，所有集成电路的插入方向要保持一致。连接用的导线要求紧贴在面包板或实验箱上，避免接触不良。连线不允许跨接在集成电路上，一般从集成电路周围通过，尽量做到横平竖直，这样便于查线和更换元器件。组装电路时要特别注意，确保各部分电路之间共地。正确的组装方法和合理的布局，不仅能使电路整齐美观，而且能够提高电路工作的可靠性，且便于检查和排除故障。

电路的调试一般采用边安装、边调试的方法。把一个总电路按框图上的功能分成若干单元电路，分别进行安装和调试，在完成各单元电路调试的基础上逐步扩大安装和调试的范围，最后完成整机联调。此方法既便于调试，又可及时发现和解决问题。整个调试过程分层次进行，先单元电路，再模块电路，最后整机联调。

电路安装完毕，首先进行通电前检查。直观检查电路各部分接线是否正确，检查电源、地线、信号线、元器件引脚之间是否短路，元器件是否接错。检查无误后进行通电检查，接入电路所要求的电源电压，观察电路中各部分元器件有无异常现象。若出现异常现象，则应立即关断电源，待排除故障后方可重新通电。在调试单元电路时应明确本部分的调试要求，按调试要求测试性能指标和观察波形。调试顺序按信号的流向进行，这样可以把前面调试过的输出信号作为后一级的输入信号，为最后的整机联调创造条件。电路调试包括静态和动态调试，通过调试掌握必要的数据、波形、实验现象，然后对电路进行分析、判断、排除故障，完成调试要求。单元电路调试完成后就为整机联调打下了基础。整机联调时应观察各单元电路连接后各级之间的信号关系，主要观察动态结果，检查电路的性能和参数，分析测量的数据和波形是否符合设计要求，对发现的故障和问题及时采取处理措施。这一阶段，要充分利用电子仪器观察波形，测量数据，发现问题并解决问题，以达到最终的目标。调试时应注意做好调试记录，准确记录电路各部分的测试数据和波形，以供分析和运行时参考。电路调试完毕，要进行系统的各项指标测试。以系统的设计任务与要求为依据，应用电子仪器仪表进行各项指标测试，观察其是否达到要求。详细记录测试条件、测试方法、测试数据及波形。

6. 文档整理和撰写实验报告

电子系统设计的总结报告是对学生撰写科学论文和科研总结报告的能力训练。通过撰写报告，可以从理论上进一步阐述实验原理，分析实验的正确性、可信度；总结实验的经验和收获，提供有用的资料。实验报告本身是一项创造性的工作，通过实验报告，可以充分反映一个人的思维是否敏捷，概念是否清楚，理论基础是否扎实，工程实践能力是否过硬，分析问题是否深入，学术作风和工作作风是否严谨。所以撰写报告是锻炼综合能力的重要环节，一定要重视并认真做好。通过写报告，不仅可以对设计、组装、调试的内容进行全面总结，而且可以把实践内容上升到理论高度。总结报告应包括以下几点。

（1）设计和实验项目名称。
（2）摘要。
（3）设计和实验任务及要求。
（4）总体方案论证，总体框图、分解后的各模块的功能及指标。
（5）单元电路设计、实现原理、参数计算和元器件选择说明。画出完整的电路图，并说明电路的工作原理。
（6）硬件组装调试的内容。
① 使用的主要仪器和仪表；
② 调试电路的方法和技巧；
③ 测试的数据和波形，并与计算结果进行比较分析；
④ 调试中出现的故障、原因及排除方法。
（7）测试数据、表格、曲线、所用电子仪器的型号，完成的结论性意见。总结设计电路和方案的优缺点，指出课题的核心及实用价值，提出改进方向和展望。
（8）列出系统需要的元器件。
（9）收获与体会。

第四章 实 验 任 务

4.1 无源和有源二端网络伏安特性的测量

一、实验目的

1. 掌握直流稳压电源的使用方法。
2. 掌握万用表的使用方法。
3. 学习直流电阻的测量方法。
4. 掌握电路元器件伏安特性的测量方法。
5. 理解电路中等效变换的概念。

二、实验任务

（一）基本实验任务

1. 学习直流稳压电源的使用，练习用直流稳压电源产生各种不同的直流电压信号，并用万用表测量电压值。
2. 验证电路中电压、电流参考方向和实际方向的关系。
3. 学习直流电阻的测量方法。
4. 选择合适的实验方案、器件参数、仪器仪表，采取正确的实验方法，设计合理的数据表格，测量线性电阻的伏安特性。
5. 选择合适的实验方案、器件参数、仪器仪表，采取正确的实验方法，设计合理的数据表格，测量实际电压源的伏安特性。
6. 测试线性无源二端网络在端口处的伏安特性，根据测试数据分析其最简等效电路的结构和参数。

（二）扩展实验任务

选择合适的实验方案、器件参数、仪器仪表，采取正确的实验方法，设计合理的数据表格，测量非线性元器件的伏安特性。

三、基本实验条件

（一）仪器仪表

1. 双路直流稳压电源　　　　　1台
2. 万用表　　　　　　　　　　1台
3. 电流表　　　　　　　　　　1台

（二）器材器件

1. 线性电阻　　　　　　　　　若干
2. 电流插孔　　　　　　　　　3个
3. 二极管　　　　　　　　　　1个
4. 白炽灯　　　　　　　　　　1个

四、实验原理

（一）基本实验任务

1. 直流电阻的测量

电阻是组成电路的重要无源元器件之一，在实际工作中，经常遇到直流电阻的测量问题。通常的做法是根据被测电阻的大小、精度要求而采用不同的测量线路、不同的测量方法来提高测量结果的可靠性和精度。

低于 10Ω 的电阻常称为低值电阻，高于 $1M\Omega$ 的电阻常称为高值电阻，大于 10Ω 而小于 $1M\Omega$ 的电阻称为中值电阻。在电路实验中用到的电阻大部分是中值电阻。

中值电阻可用伏安表法或者直读法测量其阻值。

（1）直读法

用万用表的欧姆档，根据被测电阻的大约数值，选择合适的量程，把被测电阻接在表笔两端，即可在表上读出被测电阻的阻值，测量时被测电阻不能带电。

（2）伏安表法

这种方法利用电压表测出被测电阻两端的电压 U，用电流表测出流过被测电阻的电流 I，根据欧姆定律计算被测电阻的电阻值：$R = \dfrac{U}{I}$。

2. 元器件伏安特性的测量

对于独立无源元器件来说，可以在被测元器件上施加不同极性和幅值的电压，测量出流过该元器件的电流；或在被测元器件中通入不同方向或幅值的电流，测量该元器件两端的电压，这样都可以得到被测元器件的伏安特性。

（1）线性电阻的伏安特性曲线是一条通过坐标原点的直线，如图 4.1.1 中的曲线 a 所示，该直线的斜率等于该电阻器的电导值（电阻值的倒数）。

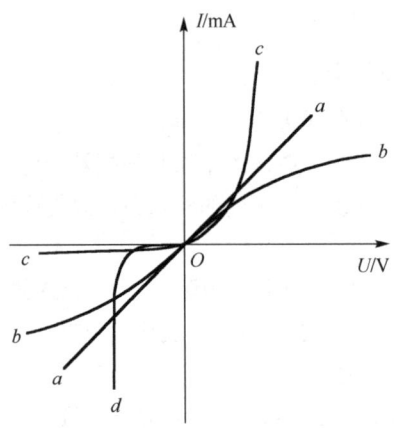

图 4.1.1　部分二端元器件的伏安特性

（2）任意的线性无源二端网络，对外而言，都可以等效为一个电阻元件，因此测量线性无源二端网络在端口处的伏安特性，其特性曲线即为线性电阻的伏安特性曲线。

3. 直流电压源

理想的直流电压源输出固定幅值的电压，而它的输出电流大小取决于其所连接的外电路。因此它的外特性曲线是平行于电流轴的直线，如图 4.1.2（a）中实线所示。实际电压源的外特性曲线如图 4.1.2（a）虚线所示，在线性工作区它可以用一个理想电压源 U_S 和内电阻 R_S 相串联的电路模型来表示，如图 4.1.2（b）所示。图 4.1.2（a）中角 θ 越大，说明实际电压源内阻 R_S 值越大。实际电压源的电压 U 和电流 I 的关系式为：

$$U = U_S - R_S \cdot I$$

测量方法：将理想电压源与一个可调负载电阻串联，改变负载电阻 R_S 的阻值，测量出相应的电压源电流 I 和端电压 U，便可以得到被测电压源的外特性。

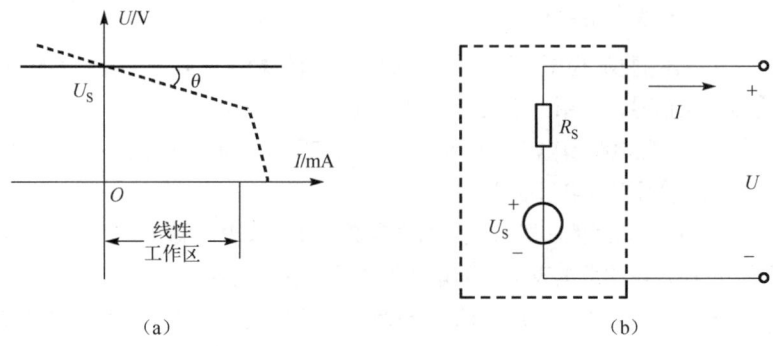

图 4.1.2　电压源特性

（二）扩展实验任务

1. 一般的白炽灯在工作时灯丝处于高温状态，其灯丝电阻随着温度的升高而增大。通过白炽灯的电流越大，温度越高，其灯丝的阻值也就越大。一般白炽灯灯丝的"冷电阻"与"热电阻"的阻值可相差几倍至几十倍，其伏安特性曲线如图 4.1.1 中的曲线 b 所示。

2. 一般的半导体二极管是一个非线性元器件，其伏安特性曲线如图 4.1.1 中的曲线 c 所示。二极管的正向电压较小（一般锗管约为 0.2～0.3V，硅管约为 0.6～0.7V），正向电流随着正向电压的升高而上升；而反向电压增加时，其反向电流增加很小，可粗略地视为零。所以，二极管具有单向导电性。但其反向电压不能加得过高，否则超过二极管的极限值时，会使其击穿而损坏，其击穿后二极管的反向伏安特性曲线如图 4.1.1 中的曲线 d 所示。

五、实验预习要求

（一）基本实验任务

1. 定性画出线性电阻的伏安特性曲线。
2. 预习直流稳压电源、电压表、电流表的使用方法及注意事项。
3. 理解直流稳压电源的输出端为什么不允许短路。
4. 理解电路中等效的概念，理解通常说的等效是什么意思。

（二）扩展实验任务

1. 了解半导体二极管伏安特性的有关知识。定性地画出二极管的伏安特性曲线。
2. 理解如何用万用表的电阻档测量二极管的极性并判断其好坏。
3. 理解如何用万用表的电阻档判断导线或某一部分电路是否断开。

六、实验指导

（一）基本实验内容及步骤

1. 直流稳压电源和万用表的使用练习

（1）将直流稳压电源设为独立工作模式，调节输出使两路电源输出分别为+6V 和+12V，用万用表的直流电压档测量输出电压，将测量数据填入表 4.1.1。若非特别指出，本节稳压电源指直流稳压电源。

（2）将直流稳压电源置于跟踪工作模式，调节输出使电源输出为±15V，用万用表的直流电压档测量输出电压，将测量数据填入表 4.1.1。

表 4.1.1 万用表测量直流稳压电源的输出电压

直流稳压电源输出电压/V	+6	+12	+15	−15
万用表测量值/V				

2. 定值电阻的测量

（1）直读法：选择一个阻值为 6.3kΩ 的电阻，用万用表的欧姆档直接测量电阻值，将测量数据填入表 4.1.2 中，需要注意的是：测量电阻值时必须断电。

（2）伏安表法：按照图 4.1.3 连接电路，调节稳压电源 U 输出为 10V，用万用表测量电阻上的电压和电流，将测量数据填写在表 4.1.2 中，根据测试数据计算其电阻值。

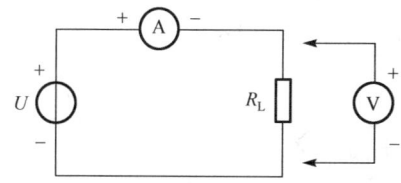

图 4.1.3 定值电阻的测试电路

直流伏安特性搭建电路

表 4.1.2 直流电阻的测量

测试方法	U/V	I/mA	R/Ω
伏安表法			
直读法			

3. 测量电桥的伏安特性

① 连接电路：按图 4.1.4（a）接好线路（取 R_1=1kΩ，R_2=510Ω，R_3=R_4=2kΩ），调节稳压电源的输出 U，从 0V 开始缓慢增加，一直到 10V，记下相应的电压表和电流表的读

伏安特性测直流电流

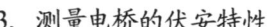

伏安特性测直流电压

数,将测试结果填入表4.1.3中。

② 测试数据分析:分析表 4.1.3 中的数据,根据测试数据在图 4.1.4(b)所示的平面坐标系下绘制平衡电桥的伏安特性曲线,并求出电路的参数。

表4.1.3　平衡电桥的测试数据

端口电压	U/V	0	1	2	4	6	8	10
端口电流	I/mA							
支路电流	I_1/mA							

由测试数据可知,图 4.1.4(a)所示的平衡电桥的等效电阻为_____。

③ 平衡电桥中的电阻 R_4 取 100Ω/2W,使其变为非平衡电桥,重复步骤①,将测试结果填写在表4.1.4中。

表4.1.4　非平衡电桥的测试数据

端口电压	U/V	0	1	2	4	6	8	10
端口电流	I/mA							
支路电流	I_1/mA							

由测试数据可知,图 4.1.4(a)所示的非平衡电桥的等效电阻为_____。

4. 测量实际直流电压源的伏安特性

① 按图 4.1.5(a)所示的电路接线,将直流稳压电源 U_S 与电阻 R_0(取 R_0=51Ω)串联来模拟实际直流电压源,取 R=100Ω。

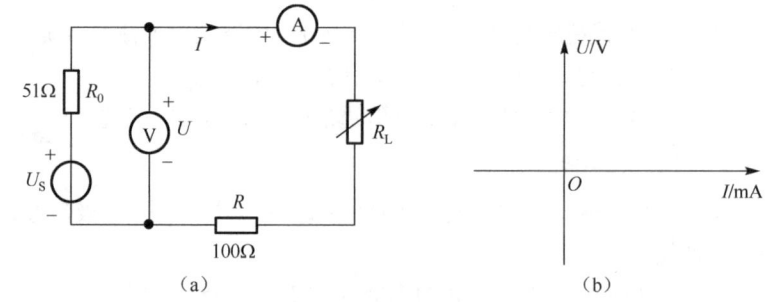

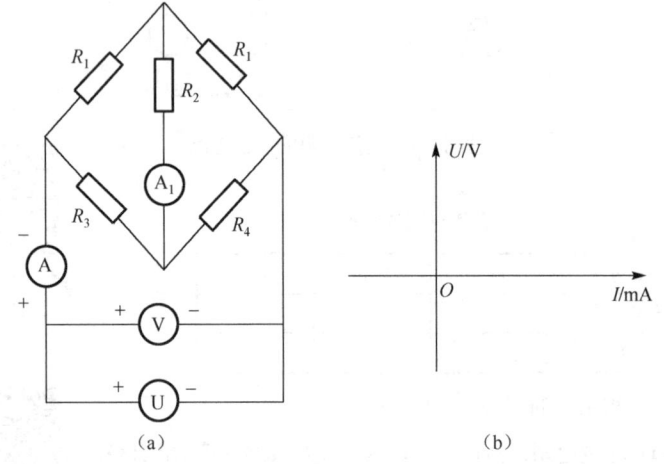

图 4.1.4　电桥伏安特性的测试

图 4.1.5　实际直流电压源实验线路

② 将稳压电源的输出电压调节为 U_S=10V,改变电阻 R_L 的值,使其分别为 100Ω、200Ω、300Ω、470Ω、1kΩ、2kΩ、∞,测量电压源的端电压 U 和电流 I,记入表4.1.5中。

表4.1.5　实际直流电压源实验数据

R_L/Ω	∞	2000	1000	470	300	200	100
I/mA							
U/V							

③ 根据表 4.1.5 中的数据在图 4.1.5（b）所示的坐标系下绘制实际电压源的伏安特性曲线。

（二）扩展实验内容及步骤

1. 测量非线性白炽灯的伏安特性

图 4.1.6（a）为白炽灯伏安特性的测试电路，R_L 为白炽灯（建议取值为 12V/3W），调节稳压电源的输出 U，使其从 0V 开始缓慢增加，一直到 10V，记下相应的电压表和电流表的读数。将测试结果填入表 4.1.6 中，用描点法画出其伏安特性，绘制在图 4.1.6（b）中。

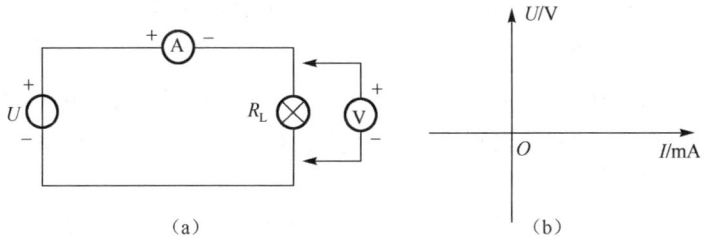

图 4.1.6　白炽灯伏安特性测试电路

表 4.1.6　白炽灯实验数据记录

U/V	1	2	4	6	8	10
I/mA						

2. 测量半导体二极管的伏安特性

按图 4.1.7（a）接好线路，其中 R（R 取 1kΩ/0.5W）为限流电阻。先测定二极管 VD 的正向特性，调节电源电压，测量二极管两端的电压 U_D 和通过二极管的电流 I。再将二极管 VD 反偏，测定其反向特性。将测试结果填入表 4.1.7 中，用描点法画出其伏安特性，绘制在图 4.1.7（b）中。

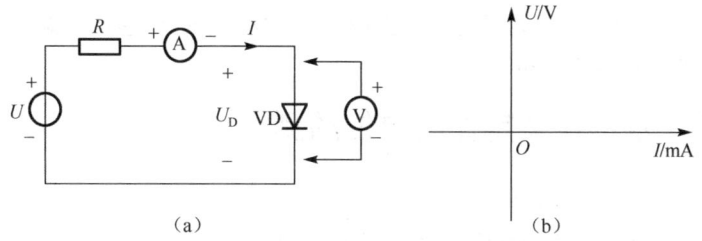

图 4.1.7　半导体二极管伏安特性测试电路

表 4.1.7　二极管实验数据记录

U/V	−5	−3	−1	0	0.3	0.7	1	2	3	5	7
U_D/V											
I/mA											

七、实验注意事项

1. 仔细阅读实验所用仪器仪表的使用说明，注意量程和功能的选择，并注意电压源使用时输出端切勿短路。

2. 测量二极管的正向特性时，稳压电源输出应由小到大逐步增加，时刻注意电流表读数不能超过所选二极管的最大电流。测量二极管的反向特性时，所加反向电压不能超过所选二极管的最大反向电压。

3. 在测量不同电量时，应首先估算电压值和电流值，以选择合适的仪表量程，且应注意仪表的极性不能接错。

八、实验报告要求

1. 根据各实验结果，分别绘出各元器件的伏安特性曲线。
2. 根据实验结果，总结、归纳各被测的无源器件的伏安特性。
3. 进行必要的误差分析。

4. 总结本次实验情况，写出此次实验的心得体会。包括实验中遇到的问题的处理方法和结果。

4.2 基尔霍夫定律与电位的测定

一、实验目的

1. 通过实验加深对基尔霍夫定律的理解。
2. 验证基尔霍夫定律。
3. 熟练掌握电压、电流的测量方法。
4. 学习电位的测量方法，用实验证明电位的相对性和电压的绝对性。

二、实验任务

1. 熟练掌握直流电路中电压、电流的测量方法。
2. 选择合适的实验电路、器件参数、仪器仪表，采取正确的实验方法，验证基尔霍夫电流、电压定律。
3. 选择合适的实验电路、器件参数、仪器仪表，采取正确的实验方法测量电路中各点的电位。

三、基本实验条件

（一）仪器仪表

1. 双路直流稳压电源　　　　　　　　　1台
2. 万用表　　　　　　　　　　　　　　1台

（二）器材器件

1. 定值电阻　　　　　　　　　　　　　若干
2. 电流插孔　　　　　　　　　　　　　3只

四、实验原理

1. 基尔霍夫定律

基尔霍夫定律是电路的基本定律之一，它包括基尔霍夫电流定律（KCL）和基尔霍夫电压定律（KVL）。基尔霍夫电流定律是对电路中的任一节点，各支路电流的代数和等于零，即 $\sum I = 0$。它阐述了电路任一节点上各支路电流间的约束关系，且这种约束关系与各支路元件的性质无关。

基尔霍夫电压定律是对任何一个闭合电路，沿闭合回路的电压降的代数和为零，即 $\sum U = 0$。它阐述了任一闭合电路中各电压间的约束关系，这种关系仅与电路结构有关，而与构成电路的元件性质无关。

运用基尔霍夫定律时应先指定电流和电压的参考方向，当它们的实际方向与参考方向相同时，结果为正值，相反时，结果为负值。

2. 电位的概念

电路中某点的电位就是该点与参考点之间的电压。所以电路中各点的电位值随所选的参考点的不同而变化，但任意两点间的电位差（即电压）不因参考点的改变而变化。

特别需要注意在实验中要测量某点的电位时，首先要选择参考点。

3. 电压、电流的测量方法

（1）电压的测量

电压测量是电路测量的一个重要内容，在集总参数电路里，表征电信号能量的三个基本参数分别是：电压、电流和功率。但是，从测量的观点来看，测量的主要参数是电压，因为如果在标准电阻的两端测出电压值，就可通过计算求得电流或功率。

将电压表并联于被测电路两端，直接由电压表的读数决定测量结果的测量方法称为电压表的直接测量法。这种方法简便直观，是电压（电位）测量的基本方法。

（2）电流的测量

测量直流电流通常都采用磁电系电流表。由于测量时，电流表是串接在被测电路中的，为了减小对被测电路工作状态的影响，要求电流表的内阻越小越好，否则将产生较大的测量误差。

需要注意的是，在测电流时，为安全方便起见，大部分实验室都采用电流插孔。

五、实验预习要求

1. 设图 4.2.1 所示电路的参数如下：$U_{S1}=16V$，$U_{S2}=8V$，R_1 取 $470Ω/2W$，R_2 取 $200Ω/2W$，R_3 取 $300Ω/2W$，R_4 取 $100Ω/2W$，R_5 取 $100Ω/2W$。计算各支路电流和各元件上的电压。填入表 4.2.1 中的计算栏。

2. 计算图 4.2.1 所示电路中各点的电位，填入表 4.2.2 中的理论值栏。

3. 预习电路的基本测试方法。回答下列问题：

（1）电流表应 _____ 在电路中。在该实验中，如何实现电流表的串联？_____。

（2）若电流表读数为"-"（或指针反偏），应如何处理？

（3）电压表应 _____ 在电路中。

（4）测量图 4.2.1 电路的 U_{AF} 时，电压表量程应选 _____V；测量电路的短路电流 I_3 时，电流表量程应选 _____A。电压表量程有：1V，10V，20V，50V，100V，220V；电流表量程有：1A，0.5A，100mA，50mA。

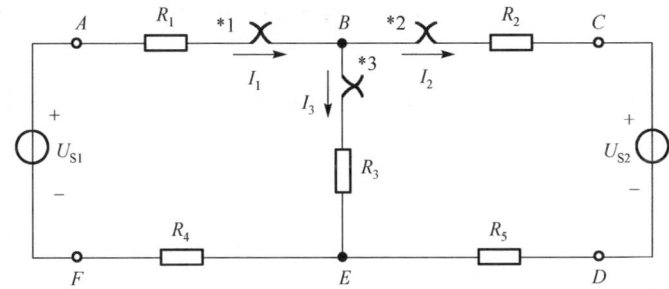

图 4.2.1　基尔霍夫定律实验电路

六、实验指导

按图 4.2.1 接好线路，接入电源 U_{S1}、U_{S2}。

注：打开直流稳压源，将直流稳压电源的输出设置为独立输出（即中间两按键全部弹起），再将直流稳压电源两路输出的限流旋钮调至合适，分别调节两路直流电源输出（CH_1、CH_2）至所需值，最后将两路输出即 U_{S1} 和 U_{S2} 接入电路中。

基尔霍夫电路搭建

1. 验证基尔霍夫电流定律（KCL）

图 4.2.1 中*1、*2、*3 分别为三条支路电流测量插孔。测量某支路电流时，将电流表的测量表笔串入插孔中，即将电流表串入该支路中。拔出表笔时，插孔中的弹片使接于插孔的两导线短接。将电流表的红色表笔靠近电流插孔带"*"号的一端，将测量结果填入表 4.2.1，并与表中的理论值进行比较，求出相对误差。

基尔霍夫电路测量电压电路

在本实验中，也可使用万用表测量各支路电压及电阻，计算出支路电流，再进行验证。

2. 验证基尔霍夫电压定律（KVL）

取图 4.2.1 所示电路中的两个回路：ABEFA、BCDEB，用直流电压表依次测量两回路中电源和电阻两端的电压值。测量前先选定回路的绕行方向，注意电压表的读数正、负值。将测量结果填入表 4.2.1 中，并与表中理论值进行比较，再根据 2.4 节的式（2-4-2）计算相对误差。

表 4.2.1　验证基尔霍夫定律数据记录及计算

项目	I_1	I_2	I_3	$\sum I$	U_{AB}	U_{BE}	U_{EF}	U_{FA}	$\sum U$	U_{BC}	U_{CD}	U_{DE}	U_{EB}	$\sum U$
	单位：mA				单位：V					单位：V				
理论值														
测量值														
相对误差/%				0					0					0

3．电位、电压的测量

在图 4.2.1 所示电路中，分别以图中 E 点、B 点为参考点，测量电路中 A、B、C、D、E、F 各点电位及 AB 两点之间的电压值 U_{AB}。测量电位时，应将电压表的负表笔接在参考点，正表笔分别接在各被测点。若电压表的读数为正，则电位为正值；若电压表的读数为负，则电位为负值。将测量结果填入表 4.2.2，与表中理论值数据进行比较，并计算相对误差。

表 4.2.2　电位、电压测量数据记录及计算

项目		V_A/V	V_B/V	V_C/V	V_D/V	V_E/V	V_F/V	U_{AB}/V
参考点 E	理论值							
	测量值							
	相对误差/%					0		
参考点 B	理论值							
	测量值							
	相对误差/%		0					

七、实验注意事项

1．测量各支路电流时，应注意选定的参考方向及电流表的极性（电流插孔的极性），正确记录测量结果的"+""−"。

2．在测量不同的电量时，应根据预习中计算的电压和电流值，选择合适的仪表量程。

3．电路改接时，一定要关闭电源。

八、实验报告要求

1．简述实验方案和步骤。

2．记录原始实验数据和理论计算数据，完成数据表格中的计算。

3．依据实验结果，进行分析比较，验证基尔霍夫定律。

4．依据实验结果，分析电压和电位的关系。

5．分析产生误差的原因。

6．总结本次实验情况，写出此次实验的心得体会，包括实验中遇到的问题的处理方法和结果。

4.3　叠加原理与戴维南定理的研究

一、实验目的

1．加深理解叠加原理和戴维南定理。

2．掌握应用叠加原理和戴维南定理分析电路的方法及使用条件。

3．掌握有源二端网络等效参数的测量方法。

4．掌握等效电路的应用。

5．理解电路在有载、开路和短路的状态下测试各物理量的方法及特点。

6．理解阻抗匹配的概念，掌握负载获得最大功率的条件。

二、实验任务

（一）基本实验任务

1．选择合适的实验电路、器件参数、仪器仪表，采取正确的实验方法、设计合理的数据表格来验证叠加原理。

2．选择合适的实验电路、器件参数、仪器仪表，采取正确的实验方

法、设计合理的数据表格来验证戴维南定理。

（二）扩展实验任务

选择合适的实验电路、器件参数、仪器仪表，采取正确的实验方法、设计合理的数据表格验证最大功率传输定理，并测量电路的最大输出功率。

三、基本实验条件

（一）仪器仪表

1. 双路直流稳压电源　　　　1 台
2. 万用表　　　　　　　　　1 台

（二）器材器件

1. 定值电阻　　　　　　　　若干
2. 电流插孔　　　　　　　　3 只
3. 双刀双掷开关　　　　　　2 只
4. 电阻箱　　　　　　　　　1 只

四、实验原理

（一）基本实验任务

1. 叠加原理指出，在线性电路中，有多个电源同时作用时，任一支路的电流或电压都是电路中每个独立电源单独作用时在该支路中所产生的电流或电压的代数和。

如图 4.3.1 所示，电压源 U_{S1} 和 U_{S2} 共同作用于该电路。根据叠加原理，两电源同时作用时，电路中的电压（U_1、U_2、U_3）和电流（I_1、I_2、I_3）是 U_{S1} 单独作用于该电路时（U_{S2} 短路置零）的分量（U_1'、U_2'、U_3'、I_1'、I_2'、I_3'）和 U_{S2} 单独作用于该电路时（U_{S1} 短路置零）的分量（U_1''、U_2''、U_3''、I_1''、I_2''、I_3''）的叠加。即

$$U_1 = U_1' + U_1'', \quad U_2 = U_2' + U_2'', \quad U_3 = U_3' + U_3''$$

$$I_1 = I_1' + I_1'', \quad I_2 = I_2' + I_2'', \quad I_3 = I_3' + I_3''$$

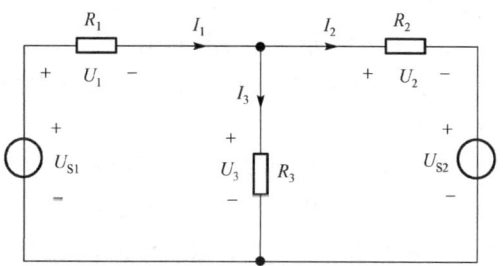

图 4.3.1　叠加原理实验电路

2. 戴维南定理指出，任何一个线性有源二端网络，总可以用一个理想电压源和一个等效电阻串联来代替，如图 4.3.2 所示。在图 4.3.2（b）所示的戴维南等效电路中，其理想电压源的电压 E 等于图 4.3.2（a）所示电路中将负载电阻 R_L 开路时，虚线框内所示有源二端网络的开路电压 U_{OC}，等效电阻 R_0 等于该网络中所有独立电源置零时的等效电阻。由戴维南定理可知，图 4.3.2（a）中有源二端网络作用于负载电阻时的结果与图 4.3.2（b）中等效电压源作用在负载电阻时的结果相同，即 $I_L = I_L'$。

在验证戴维南定理的实验中，首先要测试有源二端网络的开路电压及等效电阻，其测试方法如下。

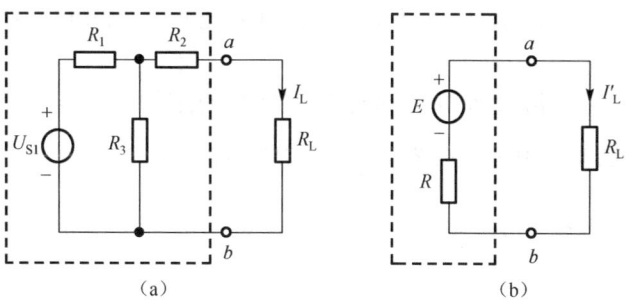

图 4.3.2　戴维南定理实验电路

（1）开路电压的测试方法

① 直接测量法：一般情况下，把外电路（即负载电阻 R_L）断开，选电压表接至开路点 a、b 两端，测试其两端电压值，即为开路电压 U_{OC}。若电压表内阻远大于被测网络的等效电阻，其测量结果则相当精确。通常采用此种方法测量。

若电压表内阻较小，则误差很大，必须采用补偿法。

② 补偿法：如图 4.3.3 所示，外加 U_S 和 R 构成补偿电路，调节 R 的值，使检测计 G 指示为零，此时电压表指示的电压值即为开路电压 U_{OC}。

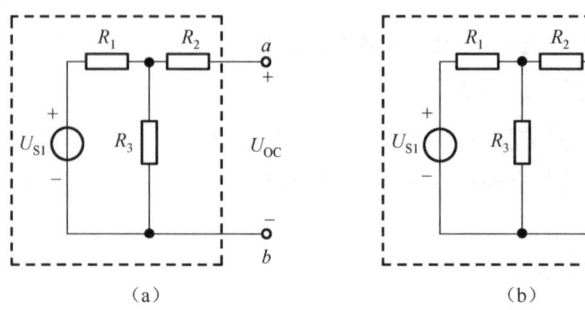

图 4.3.4　开路短路法测量等效电阻的实验电路

③ 外加电压法：在无源二端网络的两个端点间施加外加电压 U_0，测其端电流 I，按 $R_0 = U_0 / I$ 计算，用这种方法时，应先将有源二端网络的电源除去，若不能除去电源，或者网络不允许外加电源，则不能用此法。

④ 伏安法：在网络端口不允许短路时，则不能采用开路短路法。可以在开路端口接上一个已知的电阻 R，然后测量开路电压 U_{OC} 及电阻 R 两端的有载电压 U_L，根据公式 $R_0 = \left(\dfrac{U_{OC}}{U_L} - 1\right) R$ 计算等效电阻，若 R 采用一个精密电阻，则此法精度也较高。这种方法适用面广，如用于测量放大器的输出电阻。

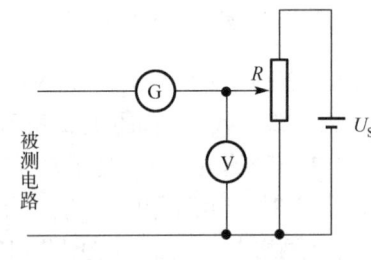

图 4.3.3　补偿法测开路电压

（2）等效电阻 R_0 的测试方法

① 用欧姆表测：先将有源二端网络中所有独立电源置零，即将理想电压源短路，将理想电流源开路，然后用欧姆表直接测量该无源二端网络的电阻值。该方法对电源与其等效电阻不能分开（如干电池）的电路和含受控源的电路不适用。

② 用开路短路法测：测试有源二端网络的开路电压 U_{OC} 及短路电流 I_{SC}，如图 4.3.4 所示。按 $R_0 = \dfrac{U_{OC}}{I_{SC}}$ 计算出等效电阻。此法适用于网络两端可以被短路的情况（建议该实验用此方法测 R_0）。

在测得了有源二端网络的开路电压和等效电阻后，不要忘记测量图 4.3.2（a）中的负载电流 I_L，以备验证戴维南定理。

将稳压电源输出电压的大小调至图 4.3.4（a）中的有源二端网络的开路电压 U_{OC}，将电阻箱调至测得的等效电阻 R_0，同负载电阻一起连接成图 4.3.2（b）所示的戴维南等效电路，测量该电路的负载电流 I_L'，与在图 4.3.2（a）中测到的负载电流 I_L 相比较，以验证戴维南定理。

（二）扩展实验任务

1. 最大功率传输定理的验证

在电子电路中，常常希望负载获得的功率最大。如何选择负载电阻，使其获得最大功率就成为研究最大功率传输的主要问题。因为任何有源二端线性网络，都可以等效为一个理想电压源与等效电阻串联的戴维南等效电路，如图 4.3.5 所示。负载获得的功率为

$$P_L = \left[\frac{E}{R_0 + R_L}\right]^2 R_L$$

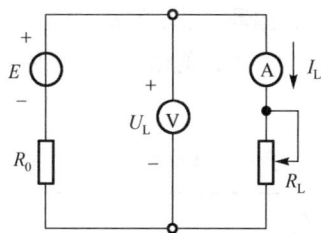

图 4.3.5 最大功率传输条件的验证电路

根据 $\dfrac{dP_L}{dR_L} = 0$，可得最大功率的传输条件为

$$R_L = R_0$$

当满足最大功率传输条件时，负载获得的最大功率是

$$P_{L\max} = \frac{E^2}{4R_L}$$

2. 最大功率验证电路

采用如图 4.3.5 所示电路，选取合适的电源电压，选择电源等效电阻为定值电阻，利用可调电位器作为负载电阻，测量负载电阻的电压、电流，其乘积为输出功率。改变负载电阻的数值，找到负载的最大功率点，验证最大功率传输条件。

五、实验预习要求

（一）基本实验任务

1．设图 4.3.1 所示电路的参数如下：U_{S1}=16V，U_{S2}=8V，R_1 取 470Ω/2W，R_2 取 200Ω/2W，R_3 取 300Ω/2W。计算各支路电流和各元件上的电压，填入表 4.3.1 中的理论值栏。

2．根据计算结果，回答下列问题。

叠加原理只适用于线性电路中_____的计算；不能用来计算_____，因为_____。

3．设图 4.3.2（a）所示电路的参数如下：U_{S1}=16V，R_1 取 470Ω/2W，R_2 取 200Ω/2W，R_3 取 300Ω/2W，R_L 取 1kΩ/2W。用戴维南定理分析该电路，将结果填入表 4.3.2 中的理论值。

4．预习电路的基本测试方法、戴维南定理等效参数的测试方法并熟练应用。回答下列问题。

（1）电流表应_____在电路中。在该实验中，如何实现电流表的串联？

（2）本实验中，测量图 4.3.2（a）中虚线框内电路的戴维南等效电路的步骤是：

①
②
③
④

（3）测量图 4.4.4(a)所示电路的开路电压 U_{OC} 时，电压表量程应选_____；测量图 4.4.4（b）所示电路的短路电流 I_{SC} 时，电流表量程应选_____。

电压表量程有：1V，10V，20V，50V，100V，220V；

电流表量程有：1A，0.5A，100mA，50mA。

（二）扩展实验任务

1. 在图 4.3.5 所示电路中，若取电源电压 $E=10V$，电源内阻 R_0 取 $200\Omega/2W$，计算负载 R_L 的电路参数，将结果填入表 4.3.4 中的计算值。

2. 分析计算结果，回答下列问题。

负载获得最大功率的条件是 _____；在负载获得最大功率时，电源效率为_____。

六、实验指导

（一）基本实验内容及步骤

1. 验证叠加原理

（1）选择如图 4.3.1 所示电路。建议

叠加原理电路搭建 双刀双掷开关的使用

各元件参数选择：$U_{S1}=16V$，$U_{S2}=8V$，R_1 取 $470\Omega/2W$，R_2 取 $200\Omega/2W$，R_3 取 $300\Omega/2W$。为了便于测量电流，将各支路串联一个电流测试插孔。为了实验过程中操作方便，在两电源的输入端接入一个双刀双掷开关 S_1、S_2。S_1、S_2 的一侧与电源相连，一侧接入一根短路线。当电源作用于电路时，将对应的开关掷向电源侧，否则，将对应的开关掷向短路侧，该电源就被置零，实验电路如图 4.3.6 所示。

（2）按照图 4.3.6 接好电路，先将开关 S_1、S_2 投向短路侧。将直流稳压电源的输出设置为独立输出（即中间两按键全部弹起），并将直流稳压电源两路输出的限流旋钮调至合适位置，再分别调节两路直流电源输出（CH$_1$、CH$_2$）至所需值，最后将两路输出即 U_{S1} 和 U_{S2} 接入电路中。

（3）接通电源 U_{S1}，U_{S2} 置零（S_2 投向短路侧）。测量 U_{S1} 单独作用时各支路电流和电压，将测量结果填入表 4.3.1 中。

（4）接通电源 U_{S2}，U_{S1} 置零（S_1 投向短路侧）。测量 U_{S2} 单独作用时各支路电流和电压，将测量结果填入表 4.3.1 中。

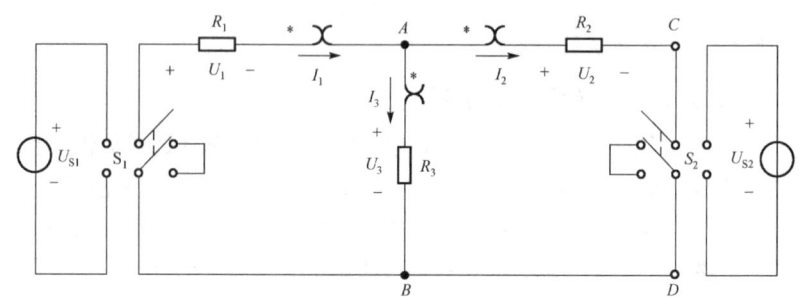

图 4.3.6 叠加原理实验电路

（5）接通电源 U_{S1} 和 U_{S2}，测量 U_{S1} 和 U_{S2} 共同作用下的各支路电流和电压，将测量结果填入表 4.3.1 中。

（6）将表中的测量值与理论值比较，计算误差，并分析原因。

叠加原理测量参数方法

表 4.3.1 叠加原理数据记录

电源	I_1/mA		I_2/mA		I_3/mA		U_1/V		U_2/V		U_3/V	
	测量值	理论值	测量值	理论值	测量值	理论值	测量值	理论值	测量值	理论值	测量值	理论值
U_{S1} 作用												
U_{S2} 作用												
U_{S1}、U_{S2} 作用												

2. 验证戴维南定理

（1）选择图 4.3.2（a）所示电路。建议各元件参数选择：$U_{S1}=16V$，R_1 取 $470\Omega/2W$，R_2 取 $200\Omega/2W$，R_3 取 $300\Omega/2W$，R_L 取 $1k\Omega/2W$。实验电路如图 4.3.7 所示。

（2）按图 4.3.7 接好线路，即将图 4.3.6 中的 U_{S2} 去掉，改接 R_L。将 C、D 两点左边的电路进行戴维南等效变换。

戴维南定理测量

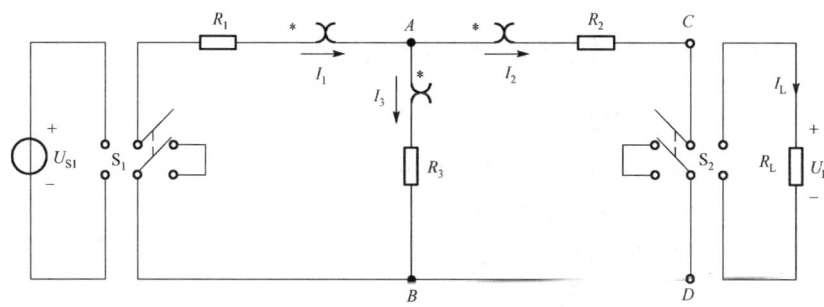

图 4.3.7 戴维南定理实验电路

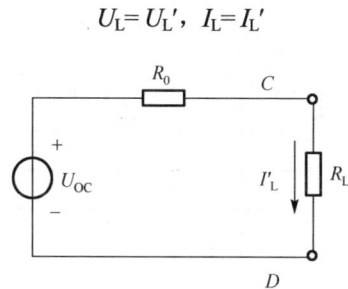

$U_L = U_L'$，$I_L = I_L'$

图 4.3.8 戴维南等效电路

(3) 将 R_L 断开，测量 C、D 两点之间的开路电压 U_{OC}，填入表 4.3.2 中。

(4) 将 C、D 两点短接，测量短路电流 I_{SC}，计算出等效电阻 $R_0 = U_{OC}/I_{SC}$，填入表 4.3.2 中。

(5) 在 C、D 之间接入负载电阻 R_L，测量负载电阻上的电压 U_L 和电流 I_L，填入表 4.3.3 中。

表 4.3.2 戴维南定理实验数据记录

	开路电压 U_{OC}/V	短路电流 I_{SC}/mA	等效电阻 R_0/Ω
理论值			
测量值			

表 4.3.3 验证戴维南定理

	U_L/V	I_L/mA
有源二端网络		
戴维南等效电路		

(6) 用直流稳压电源（调其电压等于 U_{OC}）和可调电位器（调其电阻等于 R_0）组成戴维南等效电路，如图 4.3.8 所示，接上负载电阻 R_L，测出 U_L'、I_L'，填入表 4.3.3 中。验证：

（二）扩展实验内容及步骤

1. 验证最大功率传输定理

(1) 选择如图 4.3.5 所示的电路。各元件参数选择：$E=10\mathrm{V}$，R_0 取 $200\Omega/2\mathrm{W}$，R_L 为可调电位器。实验电路如图 4.3.9 所示。

(2) 按图 4.3.9 接好电路，改变负载电阻 R_L 的数值，测量其两端电压 U_L 和负载电流 I_L，并根据所测数据计算负载获得功率 P_L，填入表 4.3.4 中。若参数不合适，可另外选取。

(3) 与表中理论值比较，计算误差，并分析原因。

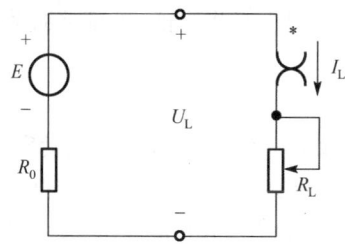

图 4.3.9 最大功率传输条件的验证实验电路

表 4.3.4　最大功率传输测试数据

R_L/Ω	U_L/V		I_L/mA		负载功率 P_L/W			电源功率 P/W	
	理论值	测量值	理论值	测量值	理论值	测量值	误差值	理论值	测量值
100									
200									
300									
400									
500									

七、实验注意事项

1．测量各支路电流时，应注意选定的参考方向及电流表的极性（电流插孔的极性），正确记录测量结果的"+""-"。

2．在测量不同的电量时，应根据预习中计算的电压和电流值，选择合适的仪表量程。

3．电路改接时，一定要关闭电源。

八、实验报告要求

1．简述实验方案和步骤。

2．记录原始实验数据和理论计算数据，完成数据表格中的计算。

3．依据实验结果，进行分析比较，验证叠加原理、戴维南定理、最大功率传输定理。

4．回答思考题。

（1）能否用叠加原理计算或测量各元件的功率？为什么？

（2）如何将戴维南等效电路进一步等效为诺顿等效电路？

5．根据实验结果，说明负载获得最大功率的条件是什么。

6．总结本次实验情况，写出此次实验的心得体会，包括实验中遇到的问题的处理方法和结果。

4.4　典型电信号的观察与测量

一、实验目的

1．学习函数信号发生器的使用方法。

2．学习示波器的使用方法。

3．学习几种典型电信号的测量。

二、实验任务

（一）基本实验任务

1．学习函数信号发生器的使用，练习用函数信号发生器产生各种不同的信号。

2．学习示波器的基本使用方法，练习使用示波器测量校准信号。

3．利用示波器产生常用交流信号，并用示波器进行测量。

（一）扩展实验任务

1．利用函数信号发生器产生直流信号。

2．使用示波器测量直流信号。

三、基本实验条件

（一）仪器仪表

1．双路直流稳压电源　　　　　　　　1台

2．万用表　　　　　　　　　　　　　1台

3．函数信号发生器　　　　　　　　　1台

4．双踪示波器　　　　　　　　　　　1台

（二）器材器件

1．线性电阻　　　　　　　　　　　　若干

2．导线　　　　　　　　　　　　　　若干

四、实验原理

（一）基本实验任务

1. 典型电信号

在电路中，应用最广泛的典型电激励信号主要有：正弦交流信号、矩形波脉冲信号、方波信号和直流信号等。

正弦波信号如图 4.4.1 所示其主要参数是幅值 U_m、周期 T（或频率 f）和初相 ψ；矩形波脉冲信号如图 4.4.2 所示，其主要参数有幅值 U_m、脉冲周期 T 和脉冲宽度 T_W；方波信号如图 4.4.3 所示，其主要参数有幅值 U_m、信号周期 T 和脉冲宽度 T_W。在实际应用中，除用信号幅值表示其大小外，通常还用峰峰值 V_{P-P} 表示一个典型电信号的大小。如图所示，V_{P-P} 表示信号从正的最大值到负的最大值的大小。

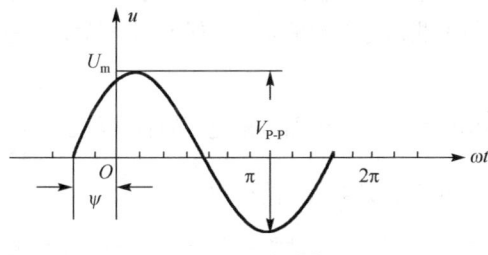

图 4.4.1　正弦波信号

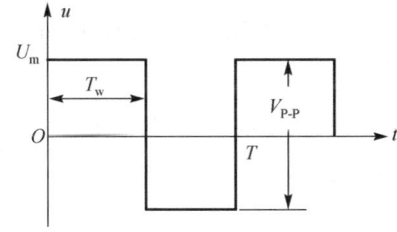

图 4.4.2　矩形波脉冲信号

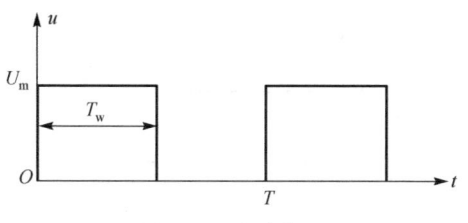

图 4.4.3　方波信号

实验所用的典型电信号都可以由函数信号发生器提供。典型电信号的波形和参数可使用示波器观察和测量。当正弦交流信号的频率很高时，普通的交流电压表往往不能测出准确的有效值，交流毫伏表可测量频带为几赫兹到几兆赫兹、电压值范围为几微伏到几千伏的交流电压信号，可以直接读出正弦交流信号的有效值。

2. 函数信号发生器

函数信号发生器实际上是一种多波形信号源，能产生正弦波、矩形波、三角波、锯齿波以及各种脉冲信号，输出电压的大小和频率都能方便地进行调节。由于其输出波形均可用数学函数描述，因而称为函数信号发生器。

函数信号发生器基本应用

3. 示波器

示波器是一种综合性的电信号测试仪器。其主要特点是：不仅能显示电信号的波形，还可以测量电信号的幅度、周期、频率和相位等；测量灵敏度高、过载能力强；输入阻抗高。示波器种类很多，实验室中常用双踪通用示波器。双踪示波器可以通过两个通道同时输入两个信号进行测量比较。

（二）扩展实验任务

利用函数信号发生器产生直流信号，波形如图 4.4.4 所示。

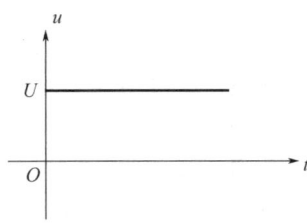

图 4.4.4　直流信号

五、实验预习要求

（一）基本实验任务

1. 认真阅读所用仪器的使用说明，详细了解函数信号发生器和示波器面板上旋钮的功能和使用方法（请参照附录）。

2. 将示波器的耦合方式设置为"DC"耦合指_____耦合，设置为"AC"耦合指_____耦合，若要观察带有直流分量的交流信号，应采用_____耦合；仅观察交流信号时，应采用_____耦合。

3. 将"校准信号"的方波输入示波器，信号的频率是 1kHz，峰峰值为 2V，从示波器上观察到的幅值在 y 轴上占 4 格，一个周期在 x 轴上占 5 格，则 y 轴灵敏度选择开关应置于_____位置，x 轴时基旋钮置于_____位置。

（二）扩展实验任务

怎样设置函数信号发生器产生直流信号？

六、实验指导

示波器的使用

（一）基本实验内容及步骤

1. 示波器、函数信号发生器的使用练习

（1）示波器的检查与校准

① 熟悉示波器面板上各按键及旋钮的功能，掌握其正确使用方法；

② 接通电源，检查示波器是否正常；

③ 将示波器 CH_1 通道的耦合方式设置为"DC"耦合，输入自检信号，调节按钮，使屏上显示稳定波形，记录波形（画图）。

④ 将示波器 CH_2 通道的耦合方式设置为"AC"耦合，输入自检信号，调节按钮，使屏上显示稳定波形，记录波形（画图）。

（2）用示波器观察和测量交流信号

① 用数格数的方法测量

（a）设置函数信号发生器输出频率为 2kHz，峰峰值为 2 V 的正弦波，示波器测量信号发生器输出电压的峰峰值 U_{P-P}。调节 y 轴灵敏度，选择开关"VOLTS / DIV"（选择 VOLTS / DIV=1V/DIV），使屏幕上显示的波形幅度适中，则屏幕左下方指示的标称值乘被测信号在 y 轴方向所占格数就是被测信号的峰峰值（为保证测量精度，在屏幕上应显示足够高的波形）。

（b）计算出函数信号发生器输出电压的有效值 $U=\dfrac{U_{P-P}}{2\sqrt{2}}$。

（c）用示波器测量交流电压的周期。

对于周期性的被测信号，只要测定一个完整周期 T，则频率 $f=\dfrac{1}{T}$。

调节水平扫描时间旋钮，使显示波形的周期尽可能大，读取波形一个周期所占格数及扫描速度 TIME/DIV（选择 TIME/DIV=200μs/DIV），则被测信号的周期为

$T=$ 所占格数 ×（TIME/DIV）

将结果填入下表 4.4.1 中。

表 4.4.1 频率为 2kHz、峰峰值为 2V 的交流信号的测试数据

U_{P-P}	VOLTS/DIV /（V/DIV）	1
	格数	
周期	TIME/DIV /（μs/DIV）	200
	格数	
电压峰峰值换算为有效值 U/V		

② 用示波器的测量功能和标尺功能测量

（a）设置函数信号发生器输出周期为 0.2ms，有效值为 1V 的交流信号。

（b）按下示波器的"Measure"功能键，添加测量参数：周期、频率、峰峰值和有效值，将测量值填写在表 4.4.2 中。

"Measure" 功能

表 4.4.2 周期为 0.2ms、有效值为 1V 交流信号的测试数据

数据	利用"Cursor"功能观测	利用"Measure"功能观测
周期/μs		
频率/kHz		
信号峰峰值/V		
信号有效值/V		

（c）按下示波器的"Cursor"功能键，通过示波器的标尺功能，测量表 4.4.2 中交流信号的参数，并填写在表 4.4.2 中。

（d）画出交流信号的波形图。

（3）用示波器测量矩形波

① 设置函数信号发生器，输出频率为 1.2kHz，幅值为 0~3.5V，占空比为 30%的矩形波信号。

② 将示波器的耦合方式置为"DC"耦合。

③ 利用示波器的"Measure"和"Cursor"功能测试矩形波参数，将测量值填写在表 4.4.3 中。

表 4.4.3 示波器测试矩形波

数据	利用"Cursor"功能观测	利用"Measure"功能观测
信号周期/ms		
最大值/V		
最小值/V		
占空比/%		

（二）扩展实验内容及步骤

1. 用示波器测量直流信号

（1）设置函数信号发生器，输出直流信号（取 $U=5.5V$）。

（2）将示波器的耦合方式设置为"DC"耦合。

（3）调节示波器 y 轴灵敏度旋钮，使扫描线高度处于适当位置。

（4）读取扫描线在 y 轴方向偏移零电平参考基准线的格数，则被测直流电压 V_X 为

$$V_X = 偏移格数 \times (\text{VOLTS} / \text{DIV})$$

"Cursor" 功能

七、实验注意事项

1. 使用仪器前，必须先阅读各仪器的使用说明，严格遵守操作规程。
2. 拨动面板各旋钮时，用力要适当，不可过猛，以免造成机械损坏。
3. 使用仪器进行测量时，需要注意测试仪器共地。
4. 实验结束后，请将所有仪器的电源关闭，注意将实验台清理整齐、干净。

八、实验报告要求

1. 按实验报告要求逐条书写，整理实验数据，填入自拟的表格中。
2. 完成思考题。

九、思考题

使用示波器观察信号时，分析出现下列情况的主要原因，应如何调节？

① 波形不稳定；② 示波器屏幕上可视波形的周期数太多；③ 示波器屏幕上所示波形的幅度过小；④ 看不到信号的直流量。

4.5 RC 一阶电路暂态过程的分析与研究

一、实验目的

1. 掌握 RC 一阶电路的零输入响应、零状态响应的基本规律和特点。
2. 研究 RC 一阶电路的方波响应的基本规律和特点。
3. 研究 RC 一阶微分电路和积分电路在方波信号激励下的响应。
4. 学习用示波器测量一阶电路的时间常数。

二、实验任务

（一）基本实验任务

1. 分析 RC 一阶电路的方波响应的基本规律和特点。
2. 使用示波器测量 RC 一阶电路的时间常数 τ。

（二）扩展实验任务

改变 RC 电路的参数，构成 RC 一阶微分电路和积分电路，分析微分电路和积分电路的方波响应。

三、基本实验条件

（一）仪器仪表

1. 双踪示波器　　　　　　　　　　1 台
2. 函数信号发生器　　　　　　　　1 台

（二）器材器件

1. 定值电阻　　　　　　　　　　　若干
2. 电容　　　　　　　　　　　　　若干

四、实验原理

（一）基本实验任务

1. RC 电路的响应

（1）零输入响应

动态电路在没有外加激励时，由电路中动态元件的初始储能引起的响应称为零输入响应。图 4.5.1 所示电路中，电容上的初始电压为 U_0，根据 KVL 可得

$$u_C(t) + RC\frac{du_C(t)}{dt} = 0 \quad t \geqslant 0$$

且 $u_C(0_+) = u_C(0_-) = U_0 \neq 0$

由此可以得出电容上的电压和电流随时间变化的规律为

$$u_C(t) = U_0 e^{-\frac{t}{\tau}} \quad t \geqslant 0 \quad \tau = RC$$

$$i_C(t) = -\frac{U_0}{R} e^{-\frac{t}{\tau}} \quad t \geqslant 0 \quad \tau = RC$$

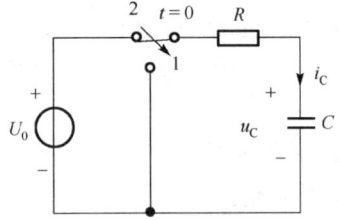

图 4.5.1　RC 电路的零输入响应

可以看出电容器上的电压是按照指数规律衰减的,如图 4.5.2 所示,其衰减的快、慢取决于时间常数 $\tau=RC$。当 $t=\tau$ 时,$u_C(\tau)=0.368U_0$。实际应用中一般认为当 $t=5\tau$,即 $u_C(5\tau)=0.0067U_0$ 时,电容器上的电压已衰减到零。

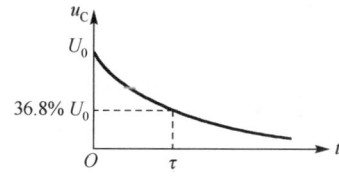

图 4.5.2 零输入响应曲线

(2) 零状态响应

电路在零初始状态下(即动态元件初始储能为零),由外加激励引起的响应称为零状态响应。

图 4.5.3 所示电路中,设电容上的初始电压为零。根据 KVL 可得

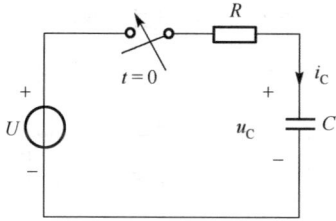

图 4.5.3 RC 电路的零状态响应

$$u_C(t) + RC\frac{du_C(t)}{dt} = U \qquad t \geqslant 0$$

且 $u_C(0_+) = u_C(0_-) = 0$

由此可以得出电容上的电压和电流随时间变化的规律为

$$u_C(t) = U\left(1 - e^{-\frac{t}{\tau}}\right) \qquad t \geqslant 0 \qquad \tau = RC$$

$$i_C(t) = \frac{U}{R}e^{-\frac{t}{\tau}} \qquad t \geqslant 0 \qquad \tau = RC$$

可以看出电容上的电压是按照指数规律增加的,如图 4.5.4 所示,其增加的快慢取决于时间常数 τ。当 $t=\tau$ 时,$u_C(\tau)=0.632U$。实际应用中一般认为当 $t=5\tau$,即 $u_C(5\tau)=0.9933U$ 时,电容上的电压已达到恒定值 U,此时可视为电容开路,电流为零。

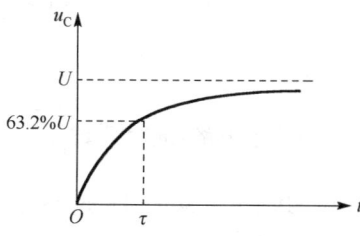

图 4.5.4 零状态响应的曲线

(3) 全响应

当一个非零初始状态的一阶电路受到电源激励时,电路的响应称为全响应。图 4.5.3 所示的电路中,若电容上的初始电压为 $U_0 \neq 0$,根据 KVL 可得

$$u_C(t) + RC\frac{du_C(t)}{dt} = U \qquad t \geqslant 0$$

且 $u_C(0_+) = u_C(0_-) = U_0 \neq 0$

由此得出电容器上的电压随时间变化的规律为

$$u_C(t) = U(1 - e^{-\frac{t}{\tau}}) + u_C(0_-)e^{-\frac{t}{\tau}} = [u_C(0_-) - U]e^{-\frac{t}{\tau}} + U \qquad t \geqslant 0$$

零状态分量　零输入分量　　　自由分量　　强制分量

上式表明以下几点。

① 全响应是零状态分量和零输入分量之和，它体现了线性电路的可加性。

② 全响应也可以看成是自由分量和强制分量之和。自由分量的起始值与初始状态和输入有关，而随时间变化的规律仅仅决定于电路的 R、C 参数；强制分量则仅与激励有关。当 $t \to \infty$ 时，自由分量趋于零，过渡过程结束，电路进入稳态。

对于上述零状态响应、零输入响应和全响应的变化过程，输出 $u_C(t)$ 的波形可以用数字示波器直接显示出来。观察信号时，示波器应设置为 DC 耦合。

（4）方波响应

当方波的半个周期远大于电路的时间常数 $\left(\dfrac{T}{2} \geq 5\tau\right)$ 时，可以认为方波某一边沿到来时，前一边沿所引起的过渡过程已经结束。这时，一个周期的方波信号引起的响应为

$$u_C(t) = \begin{cases} U(1-e^{-\frac{t}{\tau}}) & 0 \leq t \leq \dfrac{T}{2} \\ U(1-e^{-\frac{t-\frac{T}{2}}{\tau}}) & \dfrac{T}{2} \leq t \leq T \end{cases}$$

可以看出，电路对上升沿的响应就是零状态响应；电路对下降沿的响应就是零输入响应。方波响应是零状态响应和零输入响应的多次过程。因此，可以用示波器直接观察和分析零状态响应和零输入响应，并从中测出时间常数 τ，如图 4.5.5 所示。

需要注意的是，方波响应的时间常数必须满足 $5\tau < \dfrac{T}{2}$，才能保证方波下一个边沿到来时，前一边沿所引起的过渡过程已经结束。若选择 $5\tau = \dfrac{T}{2}$，则在 u_i 的半个周期，电容的充、放电正好结束，即 $t = \dfrac{T}{2}$ 时，零状态响应刚好结束，$u_C=U$；$t=T$ 时，零输入响应刚好结束，$u_C=0$；若将示波器的两通道波形重合，将得到如图 4.5.6 所示的波形。其中，虚线波形为方波响应的波形。

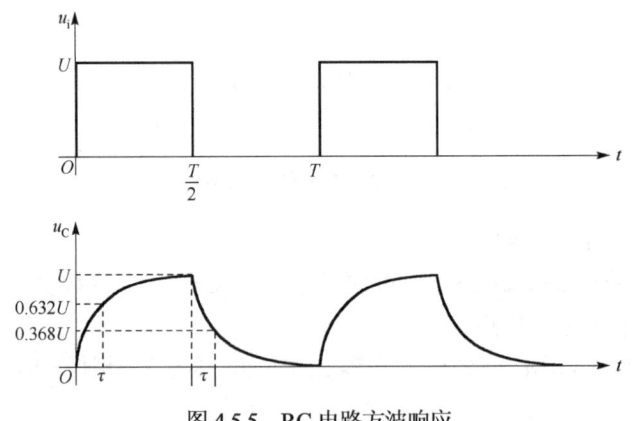

图 4.5.5　RC 电路方波响应

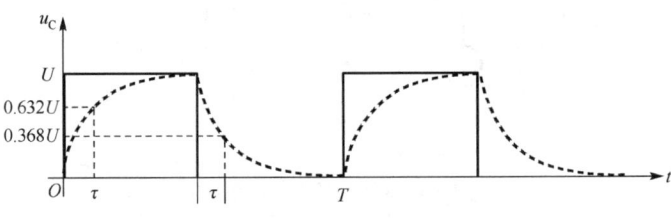

图 4.5.6　$5\tau = \dfrac{T}{2}$ 时的 RC 电路方波响应

（二）扩展实验任务

1. 微分电路和积分电路

微分电路和积分电路是 RC 一阶电路中较典型的应用电路，对电路

元件参数和输入信号的周期有着特定的要求。

① 微分电路：RC 一阶电路，当输出电压从电阻两端输出时，如图 4.5.7（a）所示，且电路的时间常数满足 $\tau = RC \ll \dfrac{T}{2}$，其中 T 为输入信号的周期，$u_o(t) \approx RC\dfrac{\mathrm{d}u_i(t)}{\mathrm{d}t}$。可见，输出电压信号与输入电压的微分成正比，称为 RC 微分电路。输入波形为方波时，输出波形为尖脉冲，如图 4.5.7（b）所示。对应于输入信号的正跳变，输出正的尖脉冲，对应于输入信号的负跳变，输出负的尖脉冲，脉冲的宽度取决于时间常数，脉冲的幅度与输入信号跳变的幅度一样。

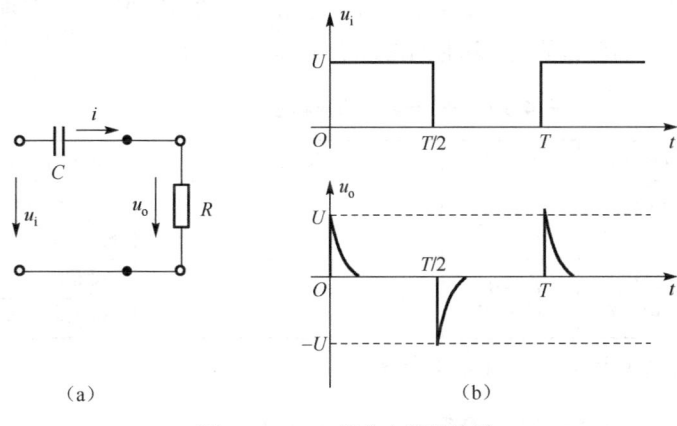

图 4.5.7　RC 微分电路及波形

② 积分电路：RC 一阶电路，当输出电压从电容两端输出时，如图 4.5.8（a）所示，且电路的时间常数满足 $\tau = RC \gg \dfrac{T}{2}$，其中 T 为输入信号的周期，可得 $u_o(t) \approx \dfrac{1}{RC}\displaystyle\int_0^t u_i(t)\mathrm{d}t$，可见，输出电压与输入电压的积分成正比，称为 RC 积分电路。如果输入信号为方波，输出波形近似为一个三角波，如图 4.5.8（b）所示。需要注意的是，因为电路的时间常数很大，输出波形的变化幅度远小于输入波形的幅度。用示波器观测输出波形时，应注意调整 VOLTS/DIV 旋钮，注意比较输入、输出波形的幅度。

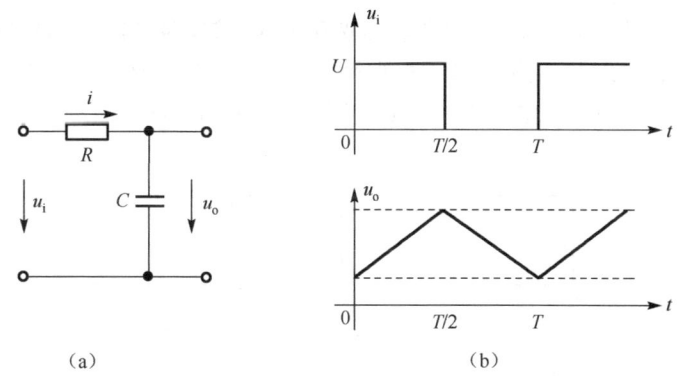

图 4.5.8　RC 积分电路及波形

五、实验预习要求

（一）基本实验任务

1．如何通过示波器测量 RC 响应的时间常数。

2．图 4.5.3 电路中的激励为方波时，在图 4.5.9 中画出① $\tau = \dfrac{T}{2}$；② $\tau = \dfrac{T}{10}$；③ $\tau = \dfrac{T}{20}$ 时的 u_C 波形。

（二）扩展实验任务

积分电路和微分电路必须具备什么条件？

RC 暂态电路搭建

六、实验指导

（一）基本实验内容及步骤

1. 测试 RC 一阶电路的方波响应

（1）设置函数信号发生器输出幅值为 1V，频率为 1kHz 方波信号[见图 4.5.9（a）]，用示波器同时观察输入、输出波形，使各项参数符合规定要求。不同时间常数下的方波响应记录在图 4.5.9（b）中。

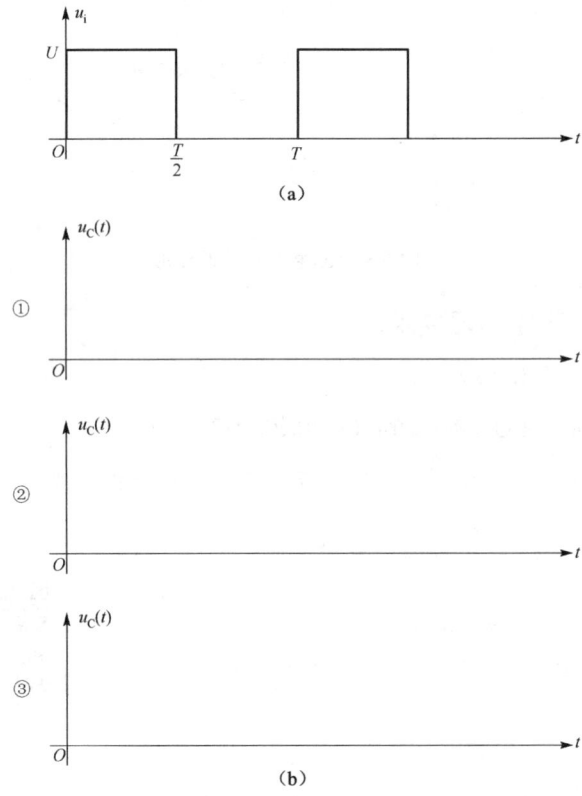

图 4.5.9 RC 电路不同时间常数时的方波响应

（2）连接电路如图 4.5.3 所示。选择电路参数，使 $\frac{T}{2} \approx 5\tau$（取 $C=0.1\mu F$，$R=1k\Omega$）。用示波器 CH_2 通道观察电容上的输出波形，要求 CH_1、CH_2 通道同时显示，同时记录激励和响应的波形，并用示波器测量电容在零输入响应与零状态响应状态下的初始值 U_0 和电路的时间常数 τ，记录于表 4.5.1，并与理论值相比较。注意方波响应应该使电路满足零状态响应和零输入响应的条件，即 $\frac{T}{2} \geq 5\tau$。否则，测得的时间常数会不正确。

（3）改变实验电路的参数，选择方波信号的幅值为 1V，频率为 2kHz，改变 $C=0.01\mu F$，$R=5.1k\Omega$，重复步骤（2）的内容。将测得的波形和时间常数填写在表 4.5.1 中。

RC 暂态测量时间常数

表 4.5.1 RC 电路的方波响应

电路参数	方波信号源	输入输出波形	时间常数/s
$R=1k\Omega$ $C=0.1\mu F$	$f=1kHz$ $U_{P-P}=1V$		理论值：
			测量值：
$R=5.1k\Omega$ $C=0.01\mu F$	$f=2kHz$ $U_{P-P}=1V$		理论值：
			测量值：

（二）扩展实验内容及步骤

1. 测试微分电路和积分电路的波形及参数

（1）按照图 4.5.7（a）所示电路连接电路（建议选择 $C=0.01\mu F$），输入为 $f=1kHz$，$U_{P-P}=1V$ 的方波信号，根据 C 的大小，选取合适的 R，使之满足 $\tau = RC \ll \frac{T}{2}$，用示波器观察输入、输出电压的波形并测量其时间常数并记录于表 4.5.2 中。

（2）按照图 4.5.8（a）所示电路接线（建议选择 $C=1\mu F$），输入为 $f=1kHz$，$U_{P-P}=1V$ 的方波信号，根据 C 的大小，选取合适的 R，使之满足 $\tau = RC \gg \dfrac{T}{2}$，用示波器观察输入、输出电压的波形并测量其时间常数并记录于表 4.5.2。

表 4.5.2　微分响应与积分响应

电路参数		输入输出波形图	时间常数/s
微分电路	R= C=0.01μF		
积分电路	R= C=1μF		

七、实验注意事项

1. 注意各电路的时间常数与输入信号频率的关系，满足电路要求才能测出正确的数据和波形。

2. 调节示波器时，要注意触发开关和电平调节旋钮的配合使用，以使显示的波形稳定。

3. 为防止外界干扰，函数信号发生器的接地端与示波器的接地端一定要和电路的接地端相连（称共地）。

4. 测试记录曲线要标明各参数，定量画！

八、实验报告要求

1. 整理实验数据。

2. 画出观察到的各波形，并标明波形参数。

3. 将测量值与理论值进行比较。若误差较大，试说明其产生原因。

4. 总结本次实验情况，写出此次实验的心得体会，包括实验中遇到的问题的处理方法和结果。

4.6　RLC 交流电路参数的测量

一、实验目的

1. 学习测量 RC 串联电路的参数。
2. 学习测量 RLC 电路的参数。

二、实验任务

（一）基本实验任务

1. 选择合适的器件参数、仪器仪表，采取正确的实验方法、设计合理的数据表格测量 RC 串联电路的元件参数。

2. 选择合适的器件参数、仪器仪表，采取正确的实验方法、设计合理的数据表格测量 RLC 串联电路的元件参数。

（二）扩展实验任务

用示波器的 FRA 功能测量 RLC 电路的频率响应曲线。

三、基本实验条件

（一）仪器仪表

1. 函数信号发生器　　　1 台
2. 万用表　　　　　　　1 台
3. 示波器　　　　　　　1 台

（二）器材器件

1. 电阻　　　　　　　　若干
2. 电感线圈　　　　　　1 个
3. 电容　　　　　　　　1 个

四、实验原理

1. RC 串联电路

图 4.6.1 为 RC 串联电路，电路的相量图如图 4.6.2 所示，由相量图可知

阻抗角： $\varphi = \arcsin \dfrac{\dot{U}_R}{\dot{U}}$ （4-6-1）

阻抗模： $|Z| = \dfrac{|\dot{U}|}{|\dot{I}|}$ （4-6-2）

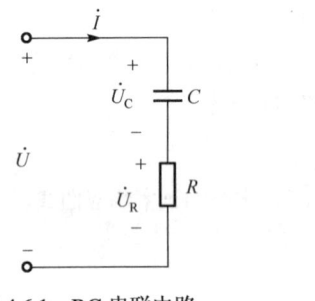

图 4.6.1　RC 串联电路　　　图 4.6.2　电路相量图

2. RLC 串联电路

如图 4.6.3 所示的 RLC 串联电路，改变电源的频率，可以得到电流的频率特性曲线，如图 4.6.4 所示，当 $f = f_0$ 时，电流达到最大值 I_0，f_0 称为电路的谐振频率，电路中的总电压 $\dot{U}$ 和总电流 $\dot{I}$ 同相位，电路呈电阻性，电源电压等于电阻电压，即 $\dot{U} = \dot{U}_R$。RLC 串联电路产生谐振时，电源电压全部降在电阻上，当电源电压一定时，电路中电流最大。电流随频率变化的曲线如图 4.6.4 所示。电阻 R 越小，电流就越大。电路的品质因数为

$$Q = \frac{U_L}{U} = \frac{U_C}{U} = \frac{\omega_0 L}{R} = \frac{1}{\omega_0 R}$$

品质因数越大，谐振曲线越尖锐。

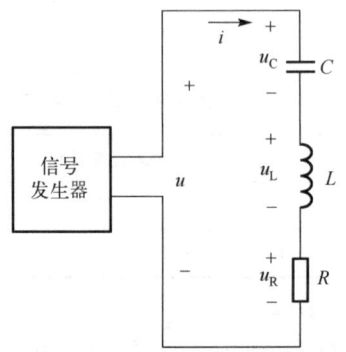

图 4.6.3　RLC 串联电路

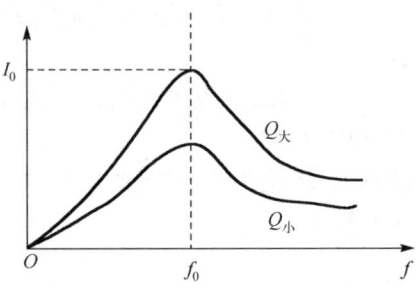

图 4.6.4　电流的频率特性曲线

五、实验预习要求

（一）基本实验任务

1. 在 RL 串联的交流电路中，电压电流的相位关系为_____，电路等效复阻抗的大小和相位随频率变化的规律为_____。

2. 在 RC 串联的交流电路中，电压电流的相位关系为_____，电路等效复阻抗的大小和相位随频率变化的规律为_____。

3. 在 RLC 串联电路中，当电路参数不变时，增大电源的频率，电路中的等效复阻抗随频率变化的关系为_____。

（二）扩展实验任务

1. 频率特性曲线包括_____曲线和_____曲线。

2. 在截止频率处，放大倍数为_____dB。

六、实验指导

（一）基本实验内容及步骤

1. RC 串联电路参数的测量

（1）按图 4.6.5 连接电路，取电路参数为 $R=100\Omega$，$C=1\mu F$。输入端连接函数信号发生器，设置函数信号发生器，输出电压为 1V，频率为 1kHz 的正弦波。

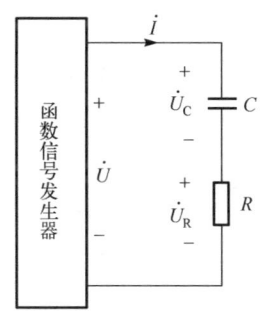

图 4.6.5 RC 串联电路

（2）用万用表测量电阻电压 U_R，函数信号发生器的输出 U，电路中的电流 I，将测试数据填入表 4.6.1 中，根据式（4-6-1）和式（4-6-2）计算电路的阻抗模和阻抗角，将计算结果填入表 4.6.1 中。

表 4.6.1 RC 串联电路的测量参数

U/V	U_R/V	I/mA	$|Z|/\Omega$	$\varphi/°$

2. RLC 串联电路频率特性的测量

（1）按图 4.6.6 所示的电路接线，选择电路的参数为：$R=100\Omega$，$L=10mH$，$C=1\mu F$，计算电路的品质因数 Q，填写在表 4.6.3 中。输入端接入函数信号发生器，设置函数信号发生器的输出信号为正弦波。调节函数信号发生器，使其输出电压为 1V，频率为 1.6kHz 的正弦波。用示波器同时观察函数信号发生器和电阻两端的波形。

（2）保持函数信号发生器输出信号的大小不变，调节信号的频率如表 4.6.2 所示，测量不同频率下电阻两端的电压 U_R、函数信号发生器的电压 U 和电路中的电流 I，填写在表 4.6.2 中，根据式（4-6-2）计算电路的复阻抗$|Z|$，填写在表 4.6.2 中。

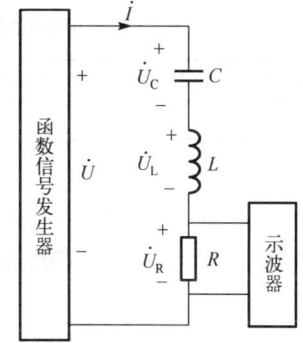

4.6.6 RLC 串联实验电路

表 4.6.2 RLC 串联电路的测量参数

频率 f/kHz	U/V	U_R/V	I/mA	$\|Z\|$/Ω
0.1				
0.5				
1.6				
5				
10				
15				

（3）用描点法画出 RLC 串联电路阻抗的频率特性曲线。

（二）扩展实验任务及步骤

① 用示波器的 FRA 功能测量电路的频率响应曲线。

② 改变电路的参数为 $R=300Ω$，$L=10\text{mH}$，$C=1μF$，计算电路的品质因数 Q，填写在表 4.6.3 中。利用示波器的 FRA 功能重新测量电路的频率响应曲线。

表 4.6.3 RLC 串联电路的品质因数

参数	$R=100Ω$，$L=10\text{mH}$，$C=1μF$	$R=300Ω$，$L=10\text{mH}$，$C=1μF$
Q		

七、实验注意事项

1. 由于信号源内阻的影响，输出幅度会随信号频率变化。因此，在调节输出频率时，应同时调节输出幅度，使实验电路的输入电压保持不变。

2. 观看波形时，示波器与信号源一定要共地！

交流测相位差内置函数信号发生器使用方法

八、实验报告要求

1. 根据测试数据，完成各项数据表格的计算。

2. 根据测量数据，绘制出 RLC 串联电路的电流频率特性曲线。

4.7 交流电路中相位差的测量

一、实验目的

1. 学习使用示波器测量正弦电压信号之间的相位差。
2. 通过实验了解 RC 低通滤波器的电路特性。
3. 通过实验了解 RC 高通滤波器的电路特性。

二、实验任务

（一）基本实验任务

1. 使用示波器测量 RC 低通滤波器中输出电压电流的相位差。
2. 使用示波器测量 RC 高通滤波器中输出电压电流的相位差。

（二）扩展实验任务

利用示波器的 FRA 功能测量滤波电路的频率特性曲线。

三、基本实验条件

（一）仪器仪表

1. 函数信号发生器　　　　　1 台
2. 双踪示波器　　　　　　　1 台

（二）器材器件

1. 定值电阻　　　　　　　　若干
2. 电容　　　　　　　　　　1 只

四、实验原理

（一）基本实验任务

1. RLC 串联电路相位差的计算

（1）RL 串联电路相位差的计算

RL 串联电路如图 4.7.1 所示。

复阻抗： $Z = R + j\omega L = R + jX_L = |Z|\angle \phi$

阻抗模： $|Z| = \sqrt{R^2 + X_L^2} = \sqrt{R^2 + (\omega L)^2}$

阻抗角： $\varphi = \arctan \dfrac{X_L}{R} = \arctan \dfrac{\omega L}{R}$ （4-7-1）

（2）RC 串联电路相位差的计算

RC 串联电路如图 4.7.2 所示。

复阻抗： $Z = R + \dfrac{1}{j\omega C} = R - jX_C = |Z|\angle \phi$

阻抗模： $|Z| = \sqrt{R^2 + X_C^2} = \sqrt{R^2 + \left(\dfrac{1}{\omega C}\right)^2}$

阻抗角： $\varphi = \arctan \dfrac{-X_C}{R} = -\arctan \dfrac{1}{\omega RC}$ （4-7-2）

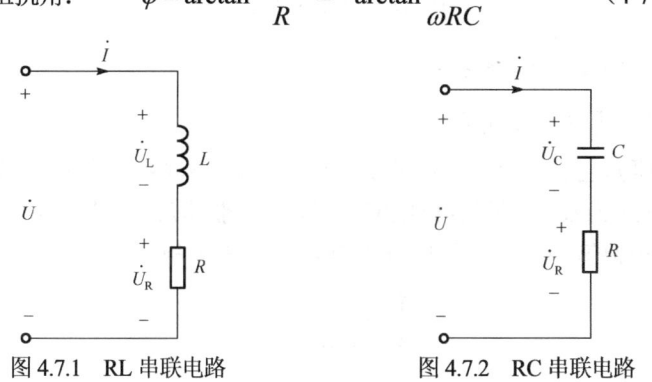

图 4.7.1　RL 串联电路　　　　图 4.7.2　RC 串联电路

2. 同频率正弦信号相位差的测量

（1）双迹法：将两个同频率的正弦信号分别从示波器的 CH$_1$ 通道和 CH$_2$ 通道同时输入，在屏幕上将同时显示出两个信号的波形，如图 4.7.3 所示。由于一个周期是 360º，根据一个信号周期在水平方向上的长度 L（DIV），以及两波形上对应点（A, B）之间的水平距离 D（DIV），由以下公式可以计算出两个信号之间的相位差为

$$\varphi = \dfrac{D}{L} \times 360°$$ （4-7-3）

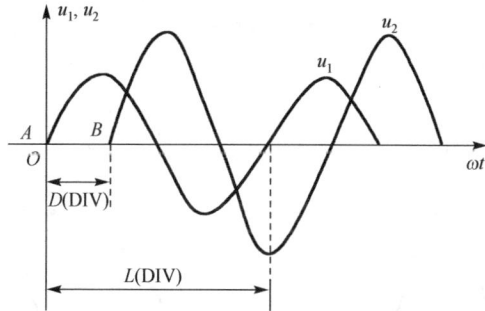

图 4.7.3　同频率信号相位差的测量

（2）李萨如图形：将两个同频率的信号分别从示波器水平输入端和垂直输入端输入，示波器的显示屏上将显示一个椭圆图形，如图 4.7.2 所示。根据这个椭圆的几何形状可以计算出两个被测信号之间的相位差。

假设水平输入端的信号为：$x = U_x \sin \omega t$ （4-7-4）

垂直输入端的信号为：$y = U_y \sin(\omega t + \varphi)$ （4-7-5）

其中 U_x 和 U_y 分别为两个输入信号的幅值，ω 为角频率；φ 为两个输入信号之间的相位差。

由式（4-7-4）知，当 $x=0$ 时，$\omega t = n\pi$（$n = 0$，1，2，…），此时，图 4.7.2 所示的椭圆与 y 轴两个交点的坐标为

$$y_0 = \pm U_y \sin \varphi$$ （4-7-6）

因此可以得到

$$\varphi = \arcsin \dfrac{2y_0}{2U_y}$$ （4-7-7）

式中，y_0是李萨如图形与y轴的交点值的大小；U_y是垂直输入信号的幅值，如图 4.7.4 所示。如果李萨如图形关于原点对称，则φ为

$$\varphi = \arcsin\frac{y_0}{U_y} \qquad (4\text{-}7\text{-}8)$$

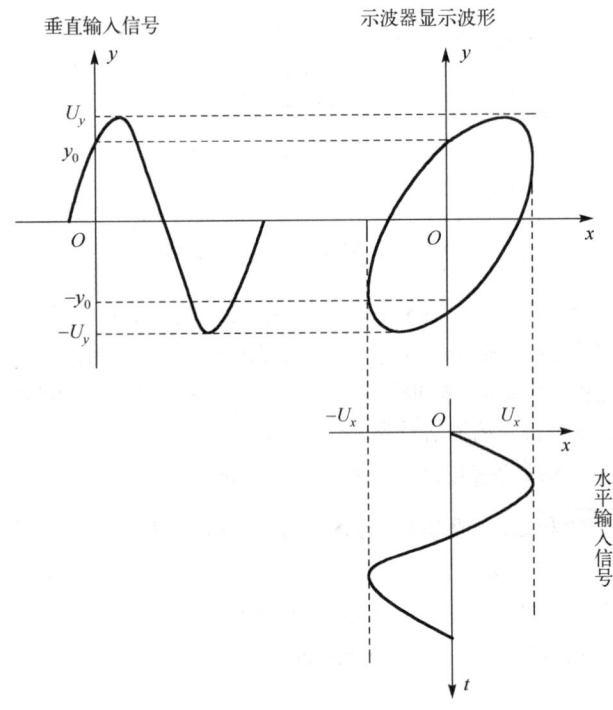

图 4.7.4 同频率信号相位差的测量

3. 测量负载电压与电流之间的相位关系

假设负载电路的负阻抗为Z，取一个电阻r，满足$r \ll |Z|$。将电阻r与被测负载串联，则电阻r上的电流与被测负载的电流相等；且电阻r上的电压电流同相位。因为$r \ll |Z|$，被测负载两端电压电流的相位关系可以近似为被测负载两端的电压与电阻r两端的电压之间的相位关系，测量电路如图 4.7.5 所示。

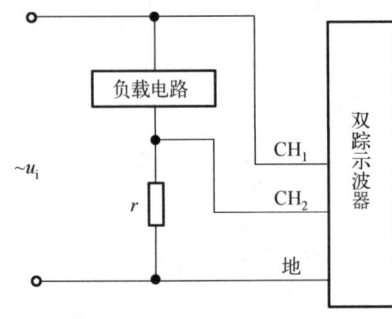

图 4.7.5 相位差测量电路

（二）扩展实验任务

1. 滤波电路的频率特性

研究电路的频率特性，即分析研究不同频率的信号作用于电路所产生的响应函数与激励函数的比值关系。在正弦输入信号电路的稳态情况下，电路的传递函数为输出相量（响应）与输入相量（激励）之比。

$$H(\mathrm{j}\omega) = \frac{\dot{X}_0}{\dot{X}_\mathrm{i}} = \frac{响应}{激励} = |H(\mathrm{j}\omega)| \angle \varphi(\omega)$$

传递函数是频率的函数。传递函数的模也是频率的函数，反映了输出相量（响应）与输入相量（激励）的幅值关系，称为幅频特性；传递函数的相角也是频率的函数，反映了输出相量（响应）与输入相量（激励）的相位关系，称为相频特性。

（1）RC 一阶低通滤波电路的频率特性

利用容抗或感抗随频率而改变的特性，对不同频率的输入信号产生

不同的响应,让需要的某一频带的信号顺利通过,而抑制不需要的其他频率的信号。

若电路允许频率 $f < f_0$ 的信号通过,阻止 $f > f_0$ 的信号通过,该电路称为低通滤波器,f_0 称为低通电路的截止频率,其电路结构如图 4.7.6 所示。传递函数为

$$H(\mathrm{j}\omega) = \frac{\dot{U}_\mathrm{o}}{\dot{U}_\mathrm{i}} = \frac{\frac{1}{\mathrm{j}\omega C}}{R + \frac{1}{\mathrm{j}\omega C}} = \frac{1}{1 + \mathrm{j}\omega RC} = \frac{1}{\sqrt{1 + \mathrm{j}\omega RC}} \angle -\arctan(\omega RC)$$

$$= |H(\mathrm{j}\omega)| \angle \varphi(\omega)$$

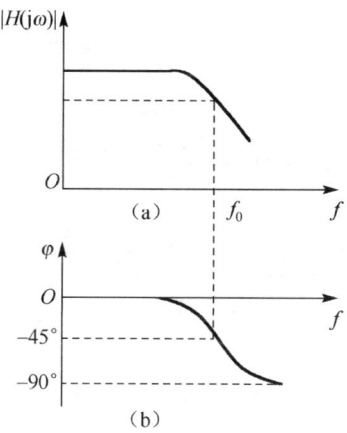

图 4.7.7 低通滤波电路的频率特性

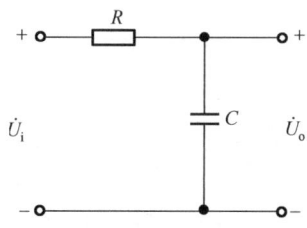

图 4.7.6 RC 低通滤波电路

幅频特性为 $|H(\mathrm{j}\omega)| = \frac{1}{\sqrt{1 + \mathrm{j}\omega RC}}$,如图 4.7.7(a)所示。

相频特性为 $\varphi(\omega) = \angle -\arctan(\omega RC)$,如图 4.7.7(b)所示。

截止频率为 $f_0 = \frac{1}{2\pi RC}$,是对应 $\frac{幅值}{\sqrt{2}} = 0.707$ 幅值时的频率。

在实际应用中,通常用对数坐标放大电路的频率特性,称为波特图。波特图横坐标轴刻度为 $\lg f$,幅频特性纵坐标轴刻度为 $20\lg|H|$,单位是分贝(dB)。所以,在截止频率 f_0 处,$|H(\mathrm{j}\omega)| = 0.707$,$20\lg|H(\mathrm{j}\omega)| = -3\mathrm{dB}$。即在对数幅频特性中,$-3\mathrm{dB}$ 对应的频率为截止频率 f_0。

(2)RC 一阶高通滤波电路的频率特性

若电路允许 $f > f_0$ 频率的信号通过,阻止 $f < f_0$ 的信号通过,该电路称为高通滤波器,f_0 称为高通电路的截止频率,其电路结构如图 4.7.8 所示。传递函数为

$$H(\mathrm{j}\omega) = \frac{\dot{U}_\mathrm{o}}{\dot{U}_\mathrm{i}} = \frac{R}{R + \frac{1}{\mathrm{j}\omega C}} = \frac{1}{\sqrt{1 + \left(\frac{1}{\omega RC}\right)^2}} \angle \arctan\left(\frac{1}{\omega RC}\right)$$

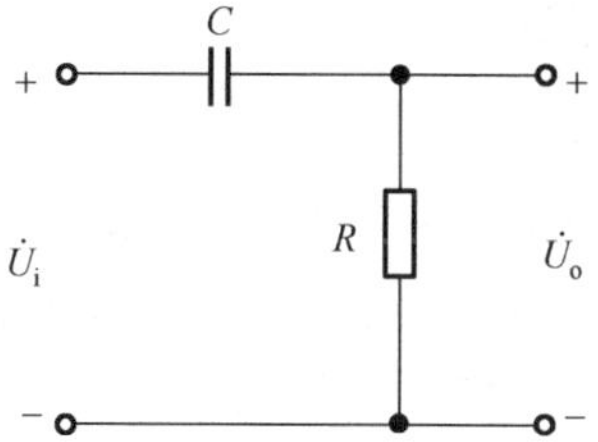

图 4.7.8 RC 高通滤波电路

幅频特性为：$|H(j\omega)| = \dfrac{1}{\sqrt{1+\dfrac{1}{\omega RC}}}$，如图 4.7.9（a）所示。

相频特性为 $\varphi = \angle\arctan\left(\dfrac{1}{\omega RC}\right)$，如图 4.7.9（b）所示。

截止频率为 $f_0 = \dfrac{1}{2\pi RC}$，是对应 $\dfrac{幅值}{\sqrt{2}} = 0.707$ 幅值时的频率。同理，在对数幅频特性中，–3dB 对应的频率 f_0 为截止频率。

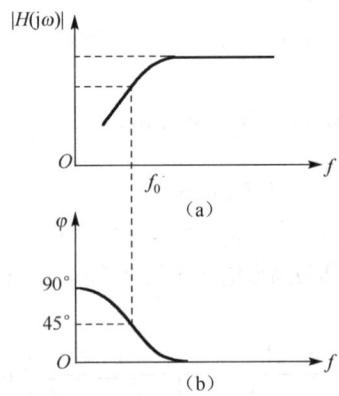

图 4.7.9 高通滤波电路的频率特性

五、实验预习要求

（一）基本实验任务

1. RC 低通滤波电路如图 4.7.6 所示。取 $R=1\mathrm{k}\Omega$；$C=0.1\mu\mathrm{F}$，当电源的频率取表 4.7.1 中的频率时，由式（4-7-2）计算低通滤波电路输出端电压电流的相位差，填入表 4.7.1 理论值栏中。

2. RC 高通滤波电路如图 4.7.8 所示。取 $R=1\mathrm{k}\Omega$；$C=0.1\mu\mathrm{F}$，当电源的频率取表 4.7.2 中的频率时，由式（4-7-2）计算高通滤波电路输出端电压电流的相位差，填入表 4.7.2 理论值栏中。

（二）扩展实验任务

低通滤波电路在电路中的作用有：＿＿＿＿＿＿＿＿＿＿＿＿；

高通滤波电路在电路中的作用有：＿＿＿＿＿＿＿＿＿＿＿＿。

六、实验指导

（一）基本实验内容及步骤

1. 使用双迹法测量低通滤波电路的相位差

（1）按照图 4.7.10 所示的电路图连接电路。取 RC 低通滤波电路的参数为：$R=1\mathrm{k}\Omega$；$C=0.1\mu\mathrm{F}$。电路的输入端连接函数信号发生器，输出端连接双踪示波器。

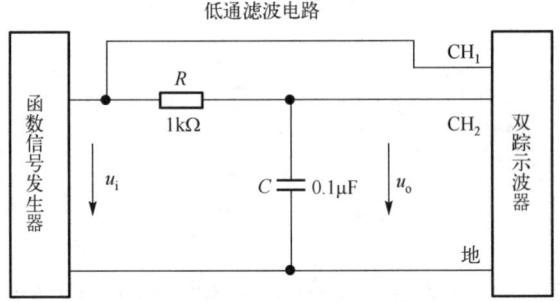

图 4.7.10 低通滤波电路相位差测量电路

（2）调节函数信号发生器，使其输出正弦波信号，保持正弦电压信号的峰峰值为 4V 不变，改变正弦信号的频率，如表 4.7.1 所示。

（3）从示波器上测量 L 和 D 的值，将测量数据填入表 4.7.1 中。

（4）根据式（4-7-3）计算相位差，将计算结果填入表 4.7.1 中。

低通滤波电路
测量相位差

低通滤波电路幅频特性

(5)根据表4.7.1中的测试数据,绘制相位差φ随频率f变化的曲线。

(6)将表4.7.1中的测量值与理论值进行比较,计算误差,并分析原因。

（二）扩展实验内容及步骤

用双踪示波器FRA功能观测电路的频率响应曲线,并测量上限截止频率为_____。

表4.7.1 低通滤波电路相位差测量数据

f/kHz	1	2	10	50
D相位差/μs				
L周期/μs				
φ测量值/°				
φ理论值/°				

2. 使用李萨如图形测量高通滤波电路的相位差

（一）基本实验内容及步骤

(1)将图4.7.10所示的低通滤波电路中的R和C互换位置,构成高通滤波电路,如图4.7.11所示。电路参数为:R=1kΩ;C=0.1μF。电路的输入端连接函数信号发生器,输出端连接双踪示波器。

高通滤波电路测量相位差

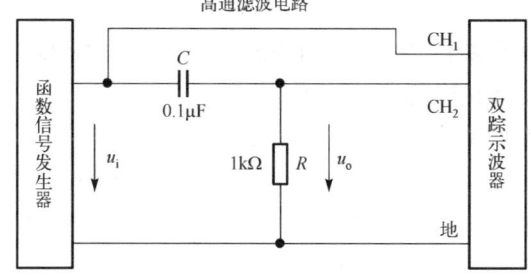

图4.7.11 高通滤波电路相位差测量电路

(2)调节函数信号发生器,使其输出正弦波信号,保持正弦电压信号的峰峰值为4V不变,改变正弦信号的频率,如表4.7.2所示。

(3)开启示波器的XY模式,显示李萨如图形,分别从双踪示波器上测量U_y和y_0,将测量数据填入表4.7.2中。

(4)根据式(4-7-8)计算相位差,填入表4.7.2中。

(5)根据表4.7.2中的测试数据,绘制相位差φ随频率f变化的曲线。

(6)将表4.7.2中的测量值与理论值进行比较,计算误差,并分析原因。

（二）扩展实验内容及步骤

用双踪示波器FRA功能观测电路的频率响应,并测量下限截止频率为_____。

表4.7.2 高通滤波电路相位差测试数据

f/kHz	1	2	3	4
U_y/V				
y_0/V				
φ测量值/°				
φ理论值/°				

七、实验注意事项

1. 由于信号源内阻的影响,输出幅值会随信号频率变化。因此,在调节输出频率时,应同时调节输出幅值,使实验电路的输入电压保持不变。

2. 观看波形时,双踪示波器与信号源一定要共地!

3. 电路改接时,一定要关闭电源。

八、实验报告要求

1. 简述实验方案和步骤。

2. 记录原始实验数据和理论计算数据,完成数据表格中的计算。

3. 绘制滤波电路的相位随频率变化的曲线。

4. 总结本次实验情况，写出此次实验的心得体会，包括实验中遇到的问题的处理方法和结果。

4.8 基于 Multisim 软件的电路仿真

一、实验目的

1. 掌握用 Multisim 软件建立电路的方法。
2. 掌握用 Multisim 软件进行直流电路仿真的方法。
3. 通过仿真实验加深对基尔霍夫定律、叠加原理、戴维南定理的理解。

二、实验任务

1. 掌握 Multisim 软件的基本使用方法。
2. 用 Multisim 软件建立电路，进行仿真，验证基尔霍夫定律。
3. 用 Multisim 软件建立电路，进行仿真，验证叠加原理。
4. 用 Multisim 软件建立电路，进行仿真，验证戴维南定理。

三、基本实验条件

1. 计算机   1 台
2. Multisim 仿真软件   1 套

四、实验原理

1. 基尔霍夫定律

基尔霍夫定律是电路的基本定律。基尔霍夫电流定律（KCL）概括了电路中电流应遵循的基本规律；基尔霍夫电压定律（KVL）概括了电路中电压应遵循的基本规律。

基尔霍夫电流定律可描述为：任一时刻，电路中任一节点流入和流出电流的代数和为零，即$\sum I=0$。

基尔霍夫电压定律可描述为：任一时刻，电路中任一闭合回路中，各段电压的代数和为零，即$\sum U=0$。

2. 叠加原理

在线性电路中，任一支路的电流或电压等于电路中每一个独立源单独作用时，在该支路产生的电流或电压的代数和。

3. 戴维南定理

对外电路来讲，任何复杂的线性有源二端网络都可以用一个含有内阻的电压源等效。此电压源的电压等于二端网络的开路电压 U_{OC}，等效电阻等于二端网络的所有电源置零后的输入电阻 R_O。

实验中往往采用电压表测开路电压 U_{OC}，用电流表测端口短路电流 I_S，则等效电阻 $R_O = \dfrac{U_{OC}}{I_S}$。

五、实验预习要求

1. 预习 Multisim 软件的基本使用。
2. 复习基尔霍夫定律、叠加原理和戴维南定理。

六、实验指导

1. 基尔霍夫定理的验证

（1）启动 Multisim 软件，软件界面如图 3.1.1 所示。

（2）电路的建立。

① 选取元器件，单击元器件库的信号源库，如图 4.8.1 所示，将直流电压源、接地源拖曳至电路工作区。

② 设置元器件参数。双击直流电压源图标弹出对话框，如图 4.8.2 所示，将"标识（Label）"设置为 E1，单击"Value"按钮，将"数值（Value）"设置为 10V。同样双击另一个直流电压源图标，将"标识（Label）"设置为 E2，将"数值（Value）"设置为 6V。

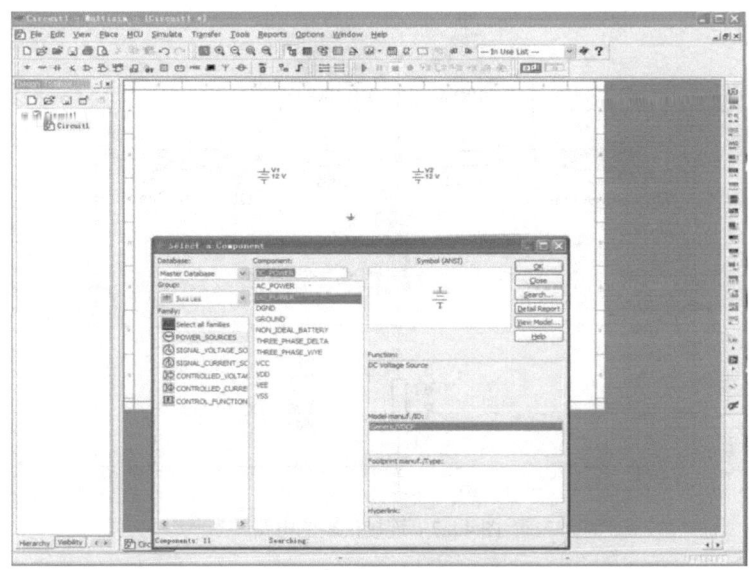

图 4.8.1 选取元器件

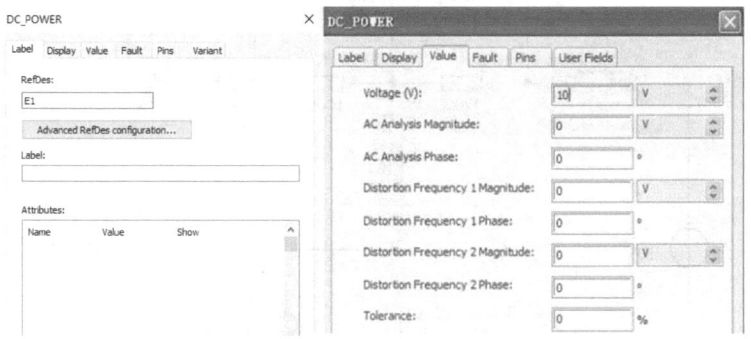

图 4.8.2 设置元器件参数

单击元器件库的基本元器件库按钮，用同样方法选取电阻元件至电路工作窗口，如图 4.8.3 所示。图中电阻的元件旋转方法为先选中该元器件，然后右键单击该元器件，出现如图 4.8.4 所示的快捷菜单，选择合适的选项即可。

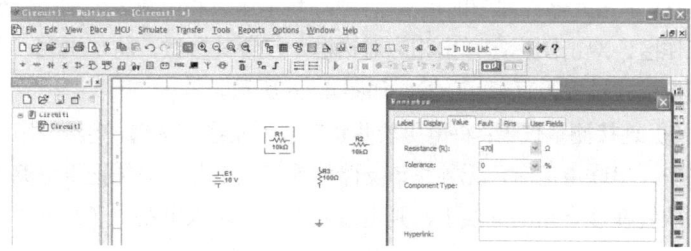

图 4.8.3 选择电阻元件并设置参数

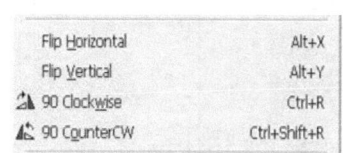

图 4.8.4 旋转元器件的快捷菜单

双击电阻元件图标，弹出的对话框与直流电压源参数设置对话框相似。三个电阻元件的"标识（Label）"和"数值（Value）"分别设为 $R_1=470\Omega$，$R_2=100\Omega$，$R_3=200\Omega$。

③ 连接元件：按住鼠标左键将各元器件连接起来，建立如图 4.8.5 所示的电路。

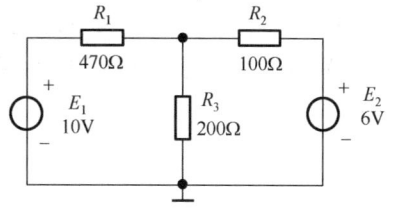

图 4.8.5 验证基尔霍夫定理电路

（3）调用和连接仪表

调用电压表和电流表并连接于电路中。

① 单击元器件库中的指示器件库,将电压表和电流表分别拖曳至电路工作区,双击图标,弹出相应对话框,设置其参数,将电压表、电流表测量模式设置为直流(DC),如图4.8.6所示。

② 连接测量仪表:将电压表并联在被测元器件两端,电流表串联在支路中,串联电流时,无须将该支路的连接线断开,只需拖曳电流表,将其放置在该支路的导线上,则电流表将自动串入电路中(此方法也适用于向已连接好的电路中插入电阻等两端口元件)。连接仪表的电路如图4.8.7所示。

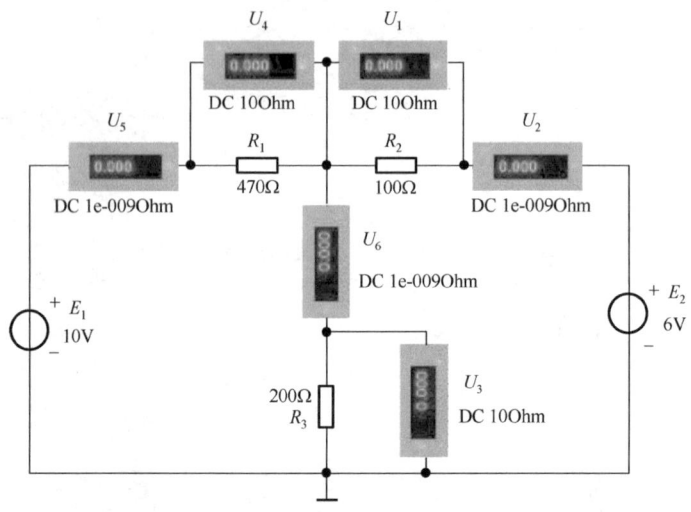

图4.8.7 连接仪表的电路

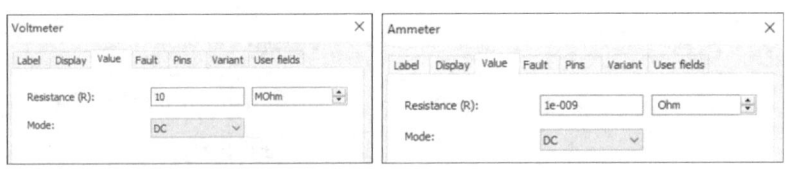

(a) 电压表设置　　　　(b) 电流表设置

图4.8.6 设置仪表

（4）启动仿真程序后,测得各个电阻两端电压和各支路电流值如图4.8.7所示,根据仪表读数验证KCL、KVL。

2. 叠加原理的验证

仿真电路如图4.8.8所示。

（1）E_1单独作用时,将电源E_2设置为0V；E_2单独作用时,将电源E_1设置为0V,分别测量两种情况下各电阻两端电压和各支路电流值。

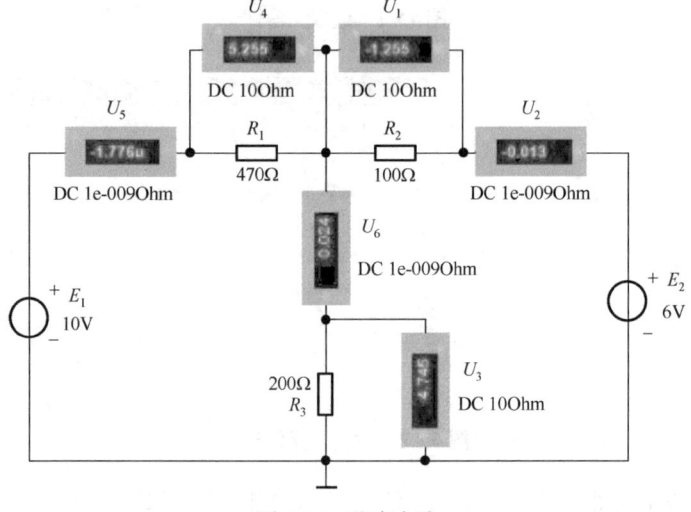

图4.8.8 仿真电路

（2）测量 E_1、E_2 共同作用时各个电阻两端电压和各支路电流值，与（1）中的数值比较，验证叠加原理。

3. 戴维南定理的验证

（1）建立线性有源二端网络，如图 4.8.9 所示，连接仿真电路。

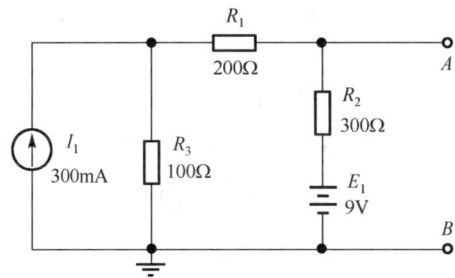

图 4.8.9　线性含源二端网络

（2）测量 AB 端口开路电压 U_{OC}，如图 4.8.10 所示。

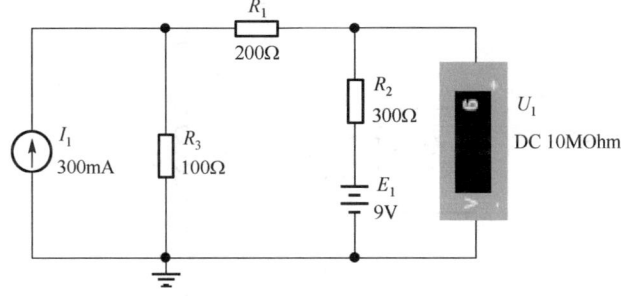

图 4.8.10　测量开路电压

（3）测量 AB 端口短路电流 I_{SC}，如图 4.8.11 所示，计算等效电阻 R_0；

（4）根据测试数据画出戴维南等效电路图，如图 4.8.12 所示。

（5）在图 4.8.9 中的 AB 端口处外接负载 $R_L=500\Omega$，测量负载两端的电压 U_L。

（6）在戴维南等效电路两端接相同的负载，验证负载两端的电压 $U'_L = U_L$。

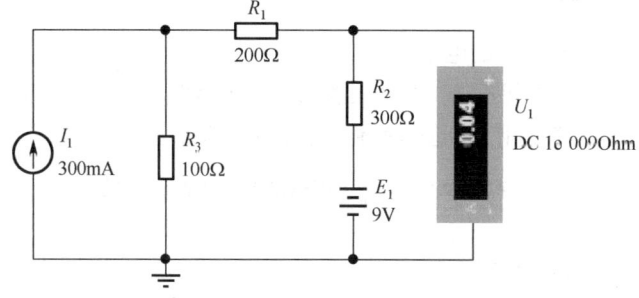

图 4.8.11　测量短路电流

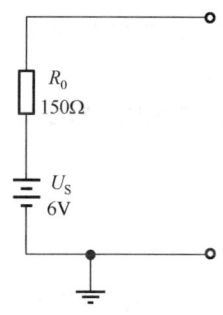

图 4.8.12　戴维南等效电路

七、注意事项

1. 建立电路时，电路公共参考端应与从信号源库中调出的接地图标相连。

2. 测量过程中由于参考方向的选定，应注意确定实际测量值的正、负号。

3. 与实际电路的测试一样，要注意电路与仪器的共地。

4. 使用虚拟仪器进行仿真时，要正确设置虚拟仪器的参数。
5. 设计合适的表格记录仿真结果，以便分析。

八、报告要求

1. 画出所仿真的电路图。
2. 参照实验电路，建立实验表格，记录仿真数据，对实验结果进行分析。
3. 简要总结用 Multisim 软件进行直流电路仿真的方法及应用体会。

4.9 RLC 正弦交流电路频率特性的仿真

一、实验目的

1. 掌握 RLC 串联电路的阻抗特性。
2. 学习用 Multisim 软件仿真 RLC 串联电路的频率特性。
3. 理解电路参数对品质因数 Q 的影响。
4. 了解滤波电路的频率特性。
5. 了解文氏桥 RC 选频电路的结构特点，并用仿真软件测量其频率特性。

二、实验任务

（一）基本实验任务

1. 用 Multisim 软件建立电路，测量 RLC 串联电路的阻抗特性。
2. 用 Multisim 软件建立电路，用波特图仪测量 RLC 串联电路的电流谐振特性。

（二）扩展实验任务

测量文氏桥 RC 选频电路的幅频特性。

三、基本实验条件

1. 计算机   1 台
2. Multisim 仿真软件   1 套

四、实验原理

（一）基本实验任务

1. RLC 串联电路阻抗的频率特性

在 RLC 串联电路中，如图 4.9.1 所示。

感抗为　　　　$X_L = \omega L = 2\pi f L$

容抗为　　　　$X_C = \dfrac{1}{\omega C} = \dfrac{1}{2\pi f C}$

阻抗为　　　　$Z = R + \mathrm{j}(X_L - X_C) = |Z|\angle \varphi$

阻抗模为　　　$|Z| = \sqrt{R^2 + (X_L - X_C)^2}$

阻抗角为　　　$\varphi = \arctan \dfrac{X_L - X_C}{R}$

电流相量为　　$\dot{I} = \dfrac{\dot{U}}{Z} = \dfrac{U\angle 0°}{|Z|\angle \varphi} = \dfrac{U}{|Z|}\angle -\varphi$

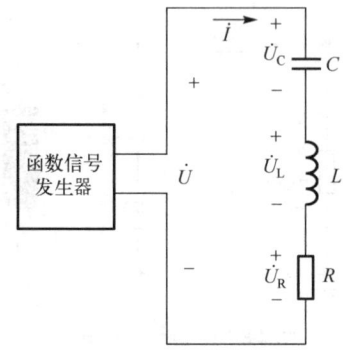

图 4.9.1 RLC 串联电路

2. RLC 串联谐振电路的频率特性

如果 $\dot{U}$、R、L、C 的大小保持不变，改变电流频率 f，X_L、X_C、$|Z|$、

φ、$\dot{I}$ 等都将随着 f 的变化而变化，它们随频率变化的曲线为频率特性。阻抗模和电流随频率变化的曲线如图 4.9.2 所示。

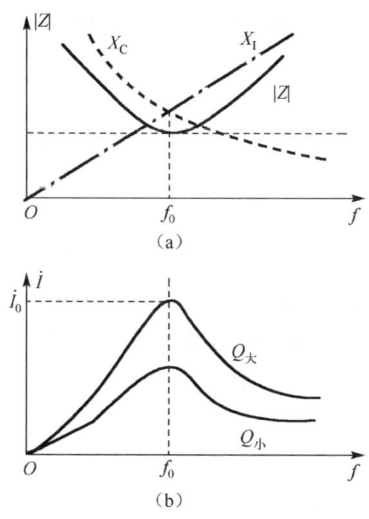

图 4.9.2　阻抗模和电流的频率特性曲线

随着频率的变化，当 $X_L > X_C$ 时，电路呈现感性，电压超前于电流；当 $X_L < X_C$ 时，电路呈现容性，电压滞后于电流；而当 $X_L = X_C$ 时，电路呈现阻性，此时角频率为 $\omega_0 = \dfrac{1}{\sqrt{LC}}$，电路发生串联谐振。

串联谐振具有以下主要特征。

（1）串联谐振电路阻抗为 $|Z| = \sqrt{R^2 + (X_L - X_C)^2}$

RLC 串联电路产生谐振时，电路呈现电阻性，阻抗模最小，$|Z| = R$，阻抗模随频率变化的曲线如图 4.9.2（a）所示。

（2）串联谐振电路电流为 $I_0 = \dfrac{U}{R}$

RLC 串联电路产生谐振时，电源电压全部降在电阻上，当电源电压一定时，电路中电流最大。电流随频率变化的曲线如图 4.9.2（b）所示。电阻 R 越小，电流就越大。

（3）品质因数为 $Q = \dfrac{U_L}{U} = \dfrac{U_C}{U} = \dfrac{\omega_0 L}{R} = \dfrac{1}{\omega_0 R}$

应用中把谐振时电感电压 U_L 或电容电压 U_C 与电源电压 U 之比称为该电路的品质因数，简称 Q 值。RLC 串联电路产生谐振时，$\dot{U}_L = -\dot{U}_C$，$\dot{U} = -\dot{U}_R$，$\dot{U}_L$ 与 $\dot{U}_C$ 大小相等、相位相反，互相抵消。此时，U_L 和 U_C 的数值可能高于电源电压若干倍。R 越小，Q 值越大则谐振曲线越尖锐；R 值越大，Q 值越小，则谐振曲线越平坦，如图 4.9.3 所示。

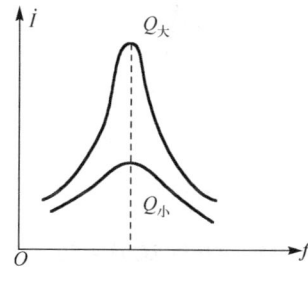

图 4.9.3　Q 与谐振曲线的关系

（二）扩展实验任务

1. 文氏桥 RC 选频电路

如图 4.9.4 所示的 RC 的串、并联电路称为文氏桥 RC 选频电路，也称文氏电桥电路。该电路被广泛用于低频振荡电路中作为选频环节。

若电路的输入为 $\dot{U}_i$，输出为 $\dot{U}_o$，两者关系为

$$\dfrac{\dot{U}_o}{\dot{U}_i} = \dfrac{1}{3 + \mathrm{j}\left(\omega RC - \dfrac{1}{\omega RC}\right)}$$

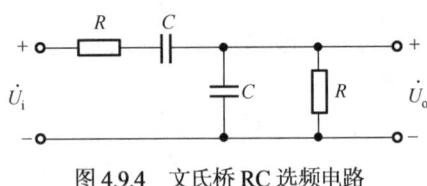

图 4.9.4 文氏桥 RC 选频电路

其频率特性如图 4.9.5 所示。当 $f = f_0$ 时，电路产生谐振，输出电压与输入电压同相位，且输出电压最大，为输入电压的 $\frac{1}{3}$。

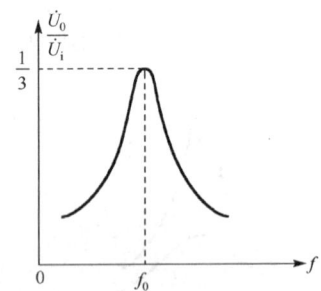

图 4.9.5 文氏桥 RC 选频电路特性

五、实验预习要求

（一）基本实验任务

1. 在 RLC 串联电路产生谐振时，频率 $f_0=$_____；此时电路呈现_____性；若要使电路保持串联谐振的状态，保持 R、L 不变，增大 C，则 f_0 应_____（增大，减小，不变）；若保持 R、L、C 不变，降低频率，则电路呈现_____性；提高频率，则电路呈现_____性；若保持 C、L 不变，减小 R，则 Q_____（增大，减小，不变）。电流频率特性如何变化？

2. RLC 串联电路中取 $L=0.33$mH，$C=1$μF，$R=100Ω$，电路的谐振频率_____。

3. 如何改变电路的参数以提高电路的品质因数？

（二）扩展实验任务

$R=1$kΩ，$C=0.1$μF 时，文氏桥 RC 选频电路的固有频率 $f_0=$_____。

六、实验指导

（一）基本实验内容及步骤

1. RLC 串联电路阻抗特性研究

（1）建立 RLC 串联电路，$R=300Ω$，$L=10$mH，$C=0.01$μF。输入端接入函数信号发生器，设置函数信号发生器的输出信号为正弦波，仿真电路如图 4.9.6 所示。

RLC 正弦交流电路的频率特性

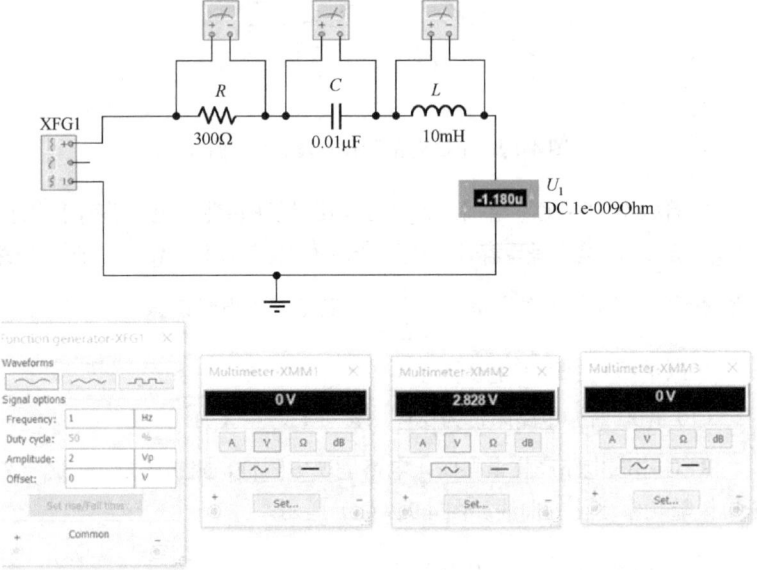

图 4.9.6 RLC 串联仿真电路

(2)接通函数信号发生器,调节信号源,输出电压有效值为 2V 的正弦交流信号,用交流毫伏表测电压大小。

(3)保持交流信号源的大小不变,改变其频率,如表 4.9.1 所示(1~300kHz),分别测量 R、L、C 上的电压、电流值,填写在表 4.9.1 中。并根据所测结果计算在不同频率下的电阻、感抗、容抗的数值,记录在表 4.9.1 中。根据测量数据分析电阻、感抗、容抗和电路总复阻抗随频率变化的规律,并用描点法画出总阻抗模随频率变化的曲线。

表 4.9.1　RLC 串联电路的阻抗特性

频率 f/kHz		1	5	15	30	150	300
I/mA							
R	U_R/V						
	$R=U_R/I_R$（Ω）						
L	U_L/V						
	$X_L=U_L/I_L$（Ω）						
C	U_C/V						
	$X_C=U_C/I_C$（Ω）						
$|Z|$							

(4)由表 4.9.1 中的测试数据可知,RLC 串联电路的谐振频率 f_0 为：_____。

2. 测量 RLC 串联电路的谐振特性

(1)按图 4.9.6 接好线路。选定 RLC 的参数为：R=300Ω,L=10mH,C=0.01μF。设置函数信号发生器,输出电压的有效值为 U=2V,利用波特图仪测量电流频率特性曲线,并用标尺测出谐振频率,填写在表 4.9.2 中。

(2)改变 RLC 电路的参数为：R=300Ω,L=0.33mH,C=1μF,电路输入信号不变,重新测量电流频率特性曲线,将测试数据填写在表 4.9.2 中。

(3)根据表 4.9.2 中的数据和波特图分析电流频率特性曲线与电路参数之间的关系。

表 4.9.2　数据记录与计算

参数	f_0/kHz	Q
R=300Ω L=10mH C=0.01μF		
R=300Ω L=0.33mH C=1μF		

(二)扩展实验内容及步骤

1. 测量文氏桥 RC 选频电路的幅频特性

(1)按图 4.9.7 接线,取 R=1.5kΩ,C=10nF。

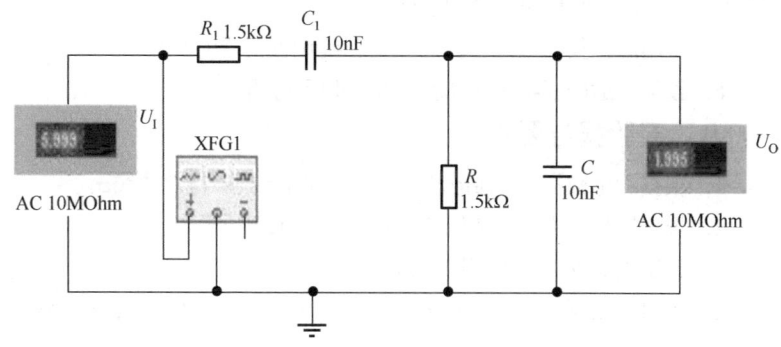

图 4.9.7　文氏桥 RC 选频电路的测量电路

(2)调节信号源输出电压为 3V 的正弦信号,改变信号源的频率 f,并保持 U_I=3V 不变,测量输出电压 U_O 数据填入表 4.9.3。

(3)取 R=200Ω,C=2.2μF,重复上述测量。

表 4.9.3　文氏桥 RC 选频电路的幅频特性

R=1.5kΩ	f/Hz				f_0			
C=10nF	U_O/V							
R=200Ω	f/Hz				f_0			
C=2.2μF	U_O/V							

七、实验注意事项

1．建立电路时，电路公共参考端应与从信号源库中调出的接地图标相连。

2．测量过程中由于参考方向的选定，应注意确定实际测量值的正、负号。

3．与实际电路的测试一样，要注意电路与仪器的共地。

4．实验前应根据所选元器件的数值，从理论上计算出截止频率（或谐振频率）f_0，以便与测量值加以比较。

5．使用虚拟仪器进行仿真时，要正确设置仪器的参数。

6．设计合适的表格记录仿真结果，以便分析。

八、实验报告要求

1．根据测量数据，绘制出 R、L、C 的阻抗频率特性曲线。

2．根据测量数据绘出 I 随 f 变化的关系曲线。

3．计算出 Q 值，并说明 R 对 Q 值的影响。

4．求出谐振频率。比较在谐振时，U_L 与 U_C、U_R 与 U 是否分别相等？分析原因。

5．填写滤波电路的测试表格，画出滤波电路的频率特性曲线。

6．根据测量数据，绘制出文氏桥 RC 选频电路的频率特性曲线，并分析其频率特性。

4.10　感性电路的测量及功率因数的提高

一、实验目的

1．熟悉日光灯电路的工作原理。

2．进一步理解交流电路中电压、电流的相量关系。

3．学习感性负载电路提高功率因数的方法。

4．学习交流电压表、电流表、功率表的使用方法。

5．学习日光灯电路中简单故障排除的方法。

二、实验任务

1．正确连接日光灯电路并学习测量日光灯电路中的电压、电流和功率。

2．选择合适的实验电路，采取正确的实验方法，提高感性负载电路的功率因数。

3．学习日光灯电路中简单故障排除的方法。

三、基本实验条件

（一）仪器仪表

1．交流电压表　　　　　　1 台
2．交流电流表　　　　　　1 台
3．单相功率表　　　　　　1 台
（或多功能电参数测试仪 1 台）

（二）器材器件

1．日光灯电路　　　　　　1 套
2．电流插孔　　　　　　　若干
3．电容　　　　　　　　　若干

四、实验原理

1. 日光灯电路的组成及工作原理

日光灯电路由日光灯灯管、镇流器、启动器及开关组成,如图 4.10.1 所示。

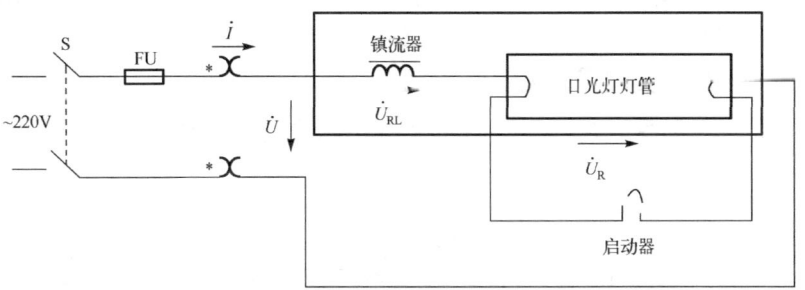

图 4.10.1　日光灯电路

（1）日光灯灯管

日光灯灯管是内壁涂有荧光粉的玻璃管,两端有钨丝,钨丝上涂有易发射电子的氧化物。玻璃管抽成真空后充入一定量的氩气和少量水银,氩气具有使灯管易发光和保护电极延长灯管寿命的作用。工作时灯管可认为是电阻性负载。

（2）镇流器

镇流器是一个具有铁心的线圈。在日光灯启动时,它和启动器配合产生瞬间高压促使灯管导通,管壁上荧光粉发光。灯管发光后在电路中起限流作用。工作时镇流器可认为是电感性负载。

（3）启动器

启动器的外壳是用铝或塑料制成的,壳内有一个充有氖气的小玻璃泡和一个纸质电容器,玻璃泡内有两个电极,其中弯曲的触片是由热膨胀系数不同的双金属片（冷态常开触头）制成的。电容的作用是避免启动器触片断开时产生的火花将触片烧坏,也防止管内气体放电时产生的电磁波辐射对收音机、电视机的干扰。

（4）日光灯发光原理及启动过程

在图 4.10.1 中,当接通电源后,电源电压（220V）全部加在启动器静触片和双金属片两级间,高压产生强电场使氖气放电（红色辉光）,热量使双金属片伸直与静触片连接。电流经镇流器、灯管两端灯丝及启动器构成通路。灯丝流过电流被加热（温度可达 800～1000℃）后产生热电子发射,释放大量电子,致使管内氩气电离,水银蒸发为水银蒸气,为灯管导通创造了条件。

由于启动器玻璃泡内两电极的接触使电场消失,氖气停止放电,从而使玻璃泡内温度下降,双金属片因冷却而恢复至原来状态,致使电路断开。此时,由于镇流器中的电流突变,在镇流器两端产生一个很高的自感电动势,这个自感电动势和电源电压串联叠加后,加在灯管两端形成一个很强的电场,使管内水银蒸气产生弧光放电,工作电路在弧光放电时产生的紫外线激发了灯管壁上的荧光粉使灯管发光。由于发出的光近似日光,故称为日光灯。

在日光灯进入正常工作状态后,由于镇流器的作用,加在启动器两级间的电压远小于电源电压,启动器不再产生弧光放电,即处于冷态常开状态,而日光灯处于正常工作状态。

2. 感性负载并联电容器改善电路的功率因数

日光灯工作时,灯管可以认为是一个电阻负载,镇流器可以认为是一个电感量较大的感性负载,两者串联构成一个 R、L 串联电路。日光灯工作时的整个电路可用图 4.10.2 所示的等效串联电路表示。因电路中消耗的功率：$P = UI\cos\varphi$,故测出 P、$\dot{U}$、$\dot{I}$ 后,即可求出电路的功率因数 $\cos\varphi$ 的数值。

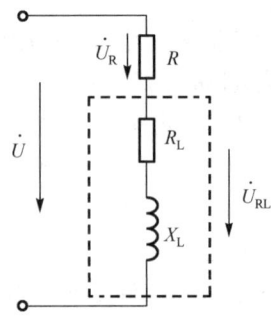

图 4.10.2 日光灯等效电路

功率因数的高低反映了电源容量利用率的大小。电路功率因数低，说明电源容量没有被充分利用。同时，无功电流在输电线路上造成损耗。因此，提高电路的功率因数是电力系统的重要课题。

功率因数较低时，可并联适当容量的电容来提高电路的功率因数，并联了补偿电容 C 以后，原来感性负载取用的无功功率中的一部分，将由补偿电容提供，这样由电源提供的无功功率就减少了，电路的总电流 $\dot{I}$ 也会减小，从而使得感性电路的功率因数 $\cos\varphi$ 得到提高。当功率因数等于1时，电路产生并联谐振，此时电路的总电流最小。若并联电容容量过大，则产生过补偿。

3. 日光灯的简单故障及排除

（1）灯管连续闪烁，周期性时暗时亮。这种故障一般是启动器中氖管使用太久老化的结果，只要更换一只相同规格的启动器即可排除。

（2）灯管两端发红而不能调亮，拿下启动器就能正常发光。这是启动器中小电容器被击穿造成的，也可能是因为启动器中双金属片与静触片粘在一起不能复原，更换新启动器即可。

（3）接通电源后，启动器氖灯和灯管两端均不发红，若各元件都是正常的，这种故障可能是断路或者接触不良（特别是灯管两端灯脚与灯座处）造成的。轻轻旋动灯管、启动器，仔细检查接线是否断开或者接错，再检查电源，一般情况下故障可排除。

（4）如果在日光灯点亮前启动器损坏，可采取下面的应急措施点亮日光灯：把启动器的两个线头互相短接，灯管两端见红时迅速断离，如果没有启动，则再次短接，一般在三五次内会点亮日光灯。此方法适用于启动器损坏的临时应急，或电压不足、灯管老化等情况。

五、实验预习要求

1. 如图 4.10.3 所示为日光灯并联电容电路。写出电路电流 $\dot{I}$ 与 $\dot{U}$，$\dot{U}_R$，$\dot{U}_{RL}$ 之间的关系式，并定性画出相量图。

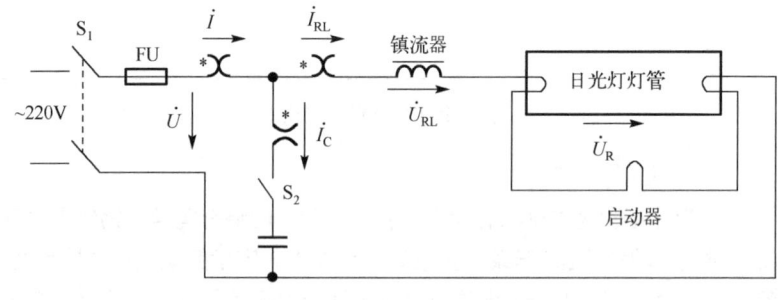

图 4.10.3 日光灯并联电容电路

2. 为了改善电路的功率因数，常在感性负载两端并联电容，若并联合适大小的电容，使电路处于欠补偿的状态，请回答下列各量是否发生改变（增大、减小或不变），总电流 _____；总功率_____；总功率因数 _____；镇流器电流_____；日光灯电路功率_____；日光灯电路功率因数_____；电容支路电流_____；灯管电压_____。

3. 提高功率因数并联电容，并联的电容是否越大越好？为什么？

4. 在 R、L 串联与 C 并联的电路中，如何求 $\cos\varphi$ 值？

5. 日光灯点亮后，启动器还会有作用吗？

六、实验指导

1. 日光灯电路并联电容前的测量

（1）按图 4.10.3 接好线路，断开 S_2，合上电源开关 S_1，接通电源，观察日光灯的启动过程。

感性电路参数测量

MC1098 电量表的使用

（2）测量日光灯电路的端电压 U、灯管两端电压 U_R、镇流器两端电压 U_{RL}、电路电流 I、日光灯电流 I_{RL}、电路总功率 P、日光灯功率 P_R 和镇流器功率 P_{RL}，并计算功率因数 $\cos\varphi$，将数据填入表 4.10.1。

表 4.10.1 日光灯电路数据记录

U/V	U_R/V	U_{RL}/V	I/mA	I_{RL}/mA	P/W	P_R/W	P_{RL}/W	$\cos\varphi$

2. 日光灯电路并联电容后的测量

（1）合上开关 S_2，在日光灯电路两端并联电容 C。逐渐加大电容量，每改变一次电容量，都要测量端电压 U、电路电流 I、日光灯电流 I_{RL}、电容电流 I_C 和电路总功率 P，并计算功率因数 $\cos\varphi$，将测量数据填入表 4.10.2。

表 4.10.2 感性负载并联电容数据记录

电容	测量数据					计算值
$C/\mu F$	U/V	I/mA	I_{RL}/mA	I_C/mA	P/W	$\cos\varphi$
1						
2						
3						
3.7						
4.7						
5.7						
6.7						

（2）在逐渐加大电容量的过程中，根据表 4.10.2 中的数据总结电路的总电流和功率因数的变化规律。

七、实验注意事项

1. 本实验使用 220V 交流电，务必注意用电和人身安全。
2. 功率表要正确接入电路。
3. 线路接线正确，若日光灯不能启动，应检查灯管及启动器接触是否良好。
4. 灯管一定要与镇流器串联后接到电源上，切勿将灯管直接接到 220V 电源上。
5. 操作中要严格遵守先接线、后通电，先断电、后拆线的原则。

八、实验报告要求

1. 简述实验方案和步骤。
2. 记录原始实验数据和理论计算数据。
3. 由表 4.10.2 中计算出的功率因数 $\cos\varphi$ 值分析，使日光灯电路功率因数改善效果最佳的电容容量值为多少？
4. 画出并联电容 C（欠补偿）后 $\cos\varphi$ 值最大的一组数据的电流相量图，分析在感性负载并联适当电容后为何可以提高功率因数。
5. 并联电容前后测得 P 的大小不变，为什么？
6. 根据实验说明提高功率因数有什么经济意义？
7. 总结本次实验情况，写出此次实验的心得体会，包括实验中遇到的问题的处理方法和结果。

4.11 三相正弦交流电路的研究

一、实验目的

1. 掌握三相负载作星形连接、三角形连接的方法。
2. 通过实验验证三相电路中相电压与线电压、相电流与线电流的关系。

3. 理解三相四线制电路中中线的作用。
4. 熟练掌握功率表的接线和使用方法。
5. 学习应用三表法和两表法测量三相负载的有功功率。

二、实验任务

1. 测量三相四线制电源的相、线电压，记录测量结果。
2. 将三相负载连接成星形对称负载，测量电路中的各电压、电流值。
3. 分别用两表法和三表法测量星形对称负载的有功功率。
4. 将三相负载连接成星形不对称负载，分别测量在有中线和无中线两种情况下的电压、电流值。
5. 将三相负载连接成三角形对称负载，测量电路中的各电压、电流值；并分别用两表法和三表法测量三相负载的有功功率。
6. 将三相负载连接成三角形不对称负载，再次测量电路中的各电压、电流值；并分别用两表法和三表法测量三相负载的有功功率。

三、基本实验条件

（一）仪器仪表

1. 交流电压表　　　　　　　1 台
2. 交流电流表　　　　　　　1 台
3. 单相功率表　　　　　　　1 台
（或多功能电参数测量仪 1 台）

（二）器材器件

1. 电流插孔　　　　　　　　6 只
2. 白炽灯　　　　　　　　　若干

四、实验原理

1. 三相电源

星形连接的三相四线制电源的线电压和相电压都是对称的，其大小关系为 $U_L = \sqrt{3} U_P$，通常三相电源的电压值指线电压的有效值。

2. 三相负载的连接

三相负载有星形和三角形两种连接方式。星形连接时，根据需要可以连接成三相三线制或三相四线制；三角形连接时只能用三相三线制供电。在电力供电系统中，电源一般为对称的，负载有对称负载和不对称负载两种情况。

（1）三相负载的星形连接：有中线时，不论负载是否对称，总满足以下关系，即

$$U_P = \frac{U_L}{\sqrt{3}}, \quad I_L = I_P$$

无中线时，只有负载对称时上述关系才成立。负载不对称又无中线时，上述电压关系不成立，即每相负载上的负载相电压不对称，因此不对称负载进行星形连接时中线不能任意断开。

（2）三相负载的三角形连接：负载进行三角形连接时，不论负载是否对称，总满足 $U_L = U_P$。负载对称时电路中的电流满足 $I_L = \sqrt{3} I_P$；负载不对称时，上述电流关系不成立。

3. 三相功率的测量

根据电动式功率表的基本原理，在测量交流电路中负载上的功率时，其读数 P 取决于 $P = UI\cos\varphi$，式中：U 为加在功率表电压线圈上的电压有效值，I 为流过功率表电流线圈的电流有效值，φ 为 u、i 之间的相位差。

若测量三相负载所消耗的总功率 P，可利用功率表分别测量出每一相的功率，然后求其和，即 $P = P_1 + P_2 + P_3$。

此方法称为三表法，其测量电路如图 4.11.1 所示。若为对称负载，则可测其中一相功率，再乘以 3 即为三相总功率。

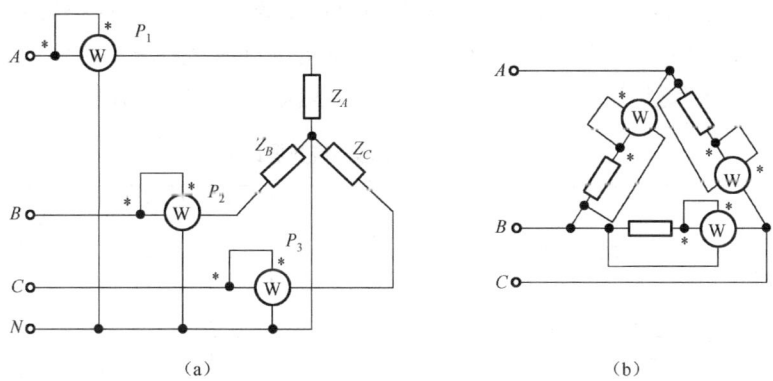

图 4.11.1 用三表法测量三相功率

而在三相三线制电路中，通常用两台功率表测量三相功率，此法称为两表法，其测量电路如图 4.11.2 所示。三相总功率为：$P = P_1 + P_2$。

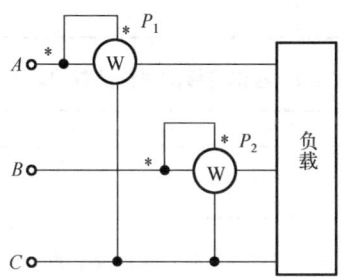

图 4.11.2 用两表法测量三相功率

用两表法测量三相功率时，应注意以下问题。
对于对称或不对称的三相三线制电路，一般都可以用两表法测量。
两表法的接法：首先将功率表的电流线圈带*端与电压线圈带*端（同名端）用一短路线连接，然后将两功率表的电流线圈分别串接于任意两火线上，两功率表的电压线圈的另一端（不带 * 端）则需同时接到没有接入电流线圈的火线上。

在对称三相电路中，两只功率表的读数与负载功率因数之间的关系如下。

① 负载为纯电阻时，两只功率表的读数相等。
② 负载的功率因数大于 0.5 时，两只功率表的读数均为正。
③ 负载的功率因数等于 0.5 时，某一只功率表的读数为零。
④ 负载的功率因数小于 0.5 时，某一只功率表的读数为负。为了便于读数，可将转换开关由"+"转换到"–"，此时该表读数应取负值。

五、实验预习

1. 请将对称三相电路中电压与电流的关系填写在表 4.11.1 中。

表 4.11.1 对称三相电路中电压与电流的关系

连接方式	星形连接	三角形连接
线电压与相电压的关系		
线电流与相电流的关系		

2. 三相负载根据什么条件进行星形或三角形连接？
3. 对称负载进行星形连接，无中线的情况下断开一相，其他两相发生什么变化？能否长时间工作于此种状态？
4. 请写出三相对称负载有功功率、无功功率和视在功率的计算公式。
5. 使用两表法测量有功功率时，功率表的电压线圈上的电压为_____，电流线圈中通过的电流为_____，使用三表法测量有功功率时，功率表的电压线圈上的电压为_____，电流线圈中通过的电流为_____。

A．线电压；B．线电流；C．相电压；D．相电流

六、实验指导

1. 三相电源

测量三相四线制电源的相、线电压,将测试结果填入表 4.11.2 中。

三相星形对称负载的参数测量

表 4.11.2 三相四线制电源数据记录(380V 电源)

U_{AB}/V	U_{BC}/V	U_{CA}/V	U_A/V	U_B/V	U_C/V

2. 负载星形连接

(1)将灯泡负载进行星形连接,按图 4.11.3 接好线路,检查无误后合上电源开关。

(2)图 4.11.3 所示星形连接的对称负载,保留中线,测量电路中的线电压、负载相电压、线电流和中线电流,将测量数据填入表 4.11.3。

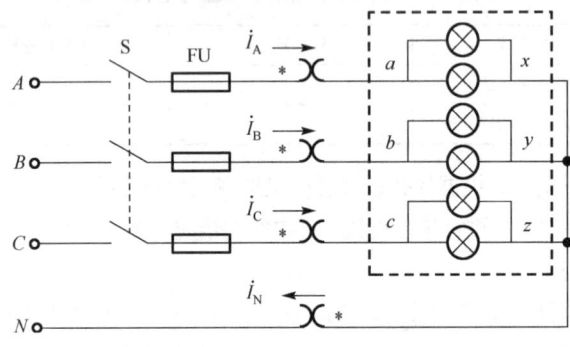

图 4.11.3 对称负载星形连接

(3)图 4.11.3 所示星形连接的对称负载,保留中线,用三表法测量负载总功率,功率表的接法如图 4.11.1(a)所示,将测量数据填入表 4.11.4,并计算电路的总功率。

(4)图 4.11.3 所示星形连接的对称负载,断开中线,重新测量电路中的线电压、负载相电压和线电流,将测量数据填入表 4.11.3。

(5)图 4.11.3 所示星形连接的对称负载,断开中线,用两表法测量负载总功率,功率表的接法如图 4.11.2 所示,将测量数据填入表 4.11.4,根据测量数据计算电路的总功率,并与三表法的计算结果相比较。

表 4.11.3 负载星形连接数据记录

项目		线电压/V			负载相电压/V			线电流/mA			I_N/mA
		U_{AB}	U_{BC}	U_{CA}	U_{AN}	U_{BN}	U_{CN}	I_A	I_B	I_C	
对称负载	有中线										
	无中线										0
不对称负载	有中线										
	无中线										0

表 4.11.4 星形连接的对称负载的功率测量

接法	P_1/W	P_2/W	P_3/W	P_1/W	P_2/W	$P_总$/W
三表法				0	0	
两表法	0	0	0			

(6)将灯泡负载进行不对称的星形连接,连接电路如图 4.11.4 所示,检查无误后合上电源开关。测量不对称负载在有中线和无中线两种情况下的各相、线电压和电流值,将测量得到的数据填入表 4.11.3。

(7)根据测试数据分析星形连接的不对称负载,写出中线的作用。

3. 负载三角形连接

(1)按图 4.11.5 所示的电路完成电路的接线,应注意电源线电压为

380V,因此需每相负载中两灯泡串联。

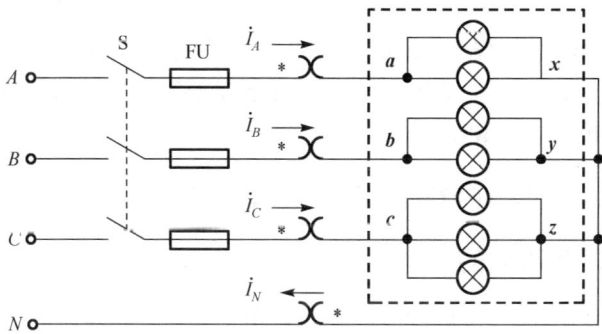

图 4.11.4 不对称负载星形连接

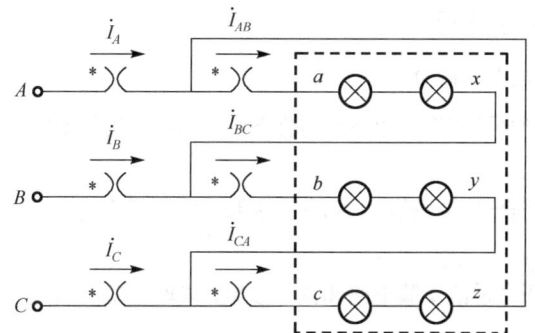

图 4.11.5 对称负载三角形连接

（2）测量对称负载时的线电压、线电流和相电流，将测量得到的数据填在表 4.11.5 中。

（3）分别用三表法和两表法测三角形连接的对称负载的电路的总功率，功率表的接法如图 4.11.1（b）和 4.11.2 所示，将测试数据填入表 4.11.6，并计算电路的总功率。

（4）将 c、z 之间的灯泡去掉，如图 4.11.6 所示，测量三角形连接的不对称负载的各电压和电流量。将测量得到的数据填在表 4.11.5 中。

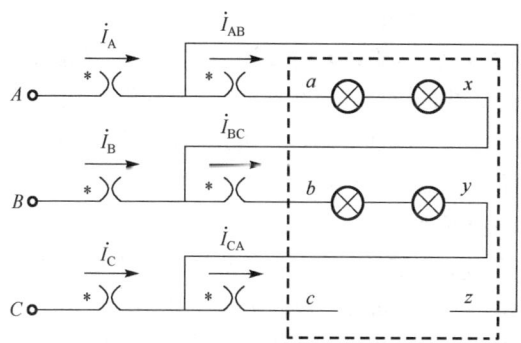

图 4.11.6 不对称负载三角形连接

（5）分别用三表法和两表法测量三角形连接的不对称负载的电路的总功率，将测试数据填入表 4.11.6，并计算电路的总功率。

表 4.11.5 三角形连接的负载数据记录

项目	线电压/V			线电流/mA			相电流/mA		
	U_{AB}	U_{BC}	U_{CA}	I_A	I_B	I_C	I_{AB}	I_{BC}	I_{CA}
对称负载									
不对称负载									

表 4.11.6 三角形连接的负载的功率测量

项目		P_1/W	P_2/W	P_3/W	P_1/W	P_2/W	$P_总$/W
对称	三表法				0	0	
	两表法	0	0	0			
不对称	三表法				0	0	
	两表法	0	0	0			

七、实验注意事项

1. 本实验采用三相交流电源，实验时应注意人身安全，不可触及导电部分，防止意外事故发生。

2. 每次接线完成，确认无误后方可接通电源，实验中必须严格遵守"先接线后通电，先断电后拆线"的安全实验操作规则。

3. 不对称负载连接成星形时，中线断开测量的时间不宜过长，测量完毕应立即断开电源或接通中线。

4. 中线上不应加熔断器。

5. 三相负载为白炽灯，额定电压为220V，当负载连接成三角形时，应注意电源电压仍然为380V，因此需两灯泡串联。

6. 为了便于测量负载三角形连接时的线电流和相电流，在每相负载中及供电线路中应串入电流插孔。

7. 用三表法测量时，功率表的电压线圈加的是相电压，电流线圈通过的是相电流。

8. 用两表法测量时，功率表的电压线圈加的是线电压，电流线圈通过的是线电流；且两次测量时，电压线圈应有一个公共端，该公共端应为没有测过电流的一根火线。

八、实验报告要求

1. 简述实验方案和步骤。

2. 记录原始实验数据，完成表格中数据的计算。

3. 根据实测数据，验证三相负载在对称和不对称情况下，各相值与线值的关系，并与理论值相比较。

4. 对比用三表法测量三相总功率和用两表法测量三相总功率的结果。

5. 回答思考题。

（1）根据测试数据画出采用三相四线制和不对称负载进行星形连接时，相电压、线电压、线电流的相量图。

（2）说明中线的作用。在什么情况下必须有中线？在什么情况下可不需要中线？

（3）说明用两表法测量三相总功率时应注意哪些问题。

6. 总结本次实验情况，写出此次实验的心得体会，包括实验中遇到的问题的处理方法和结果。

4.12 二端口网络参数的测量

一、实验目的

1. 加深理解二端口网络的基本理论。
2. 掌握线性无源二端口网络参数的测量方法。
3. 验证二端口网络参数之间的关系。

二、实验任务

（一）基本实验任务

1. 选择合适的实验电路和器件参数，采取正确的实验方法测量二端口的 Y 参数。

2. 选择合适的实验电路和器件参数，采取正确的实验方法测量二端口的 Z 参数。

3. 选择合适的实验电路和器件参数，采取正确的实验方法测量二端口的 T 参数。

（二）扩展实验任务

两个二端口网络的 T 参数矩阵分别为 T' 和 T''，验证级联后的 T 参数矩阵满足：$T = T'T''$。

三、基本实验条件

（一）仪器仪表

1. 直流稳压电源   1台

2. 万用表　　　　　　　　　　1 台

（二）器材器件

定值电阻　　　　　　　　　若干

四、实验原理

（一）基本实验任务

在工程实际中遇到的问题常常涉及两对端子之间的关系，如变压器、滤波器、放大器等。对于如图 4.12.1 所示的四端网络，一对端子 1-1' 通常是输入端子，另一对端子 2-2' 通常是输出端子。如果对任意时间 t，从端子 1 流入的电流等于从端子 1' 流出的电流；同时从端子 2 流入的电流等于从端子 2' 流出的电流，这种四端网络就称为二端口网络，简称二端口。

图 4.12.1　二端口网络模型

通常可以采用 **Y**、**Z**、**T** 和 **H** 等参数矩阵描述二端口网络，各组参数矩阵之间可以进行等效变换。

1. Y 参数

用 Y 参数描述线性二端口时，有以下关系

$$\begin{bmatrix} \dot{I}_1 \\ \dot{I}_2 \end{bmatrix} = \begin{bmatrix} Y_{11} & Y_{12} \\ Y_{21} & Y_{22} \end{bmatrix} \begin{bmatrix} \dot{U}_1 \\ \dot{U}_2 \end{bmatrix} \qquad (4\text{-}12\text{-}1)$$

其中 $\mathbf{Y} = \begin{bmatrix} Y_{11} & Y_{12} \\ Y_{21} & Y_{22} \end{bmatrix}$，称为二端口的 Y 参数矩阵。

当端口 1-1' 外加电压 $\dot{U}_1$，且端口 2-2' 短路时，可得

$$Y_{11} = \left. \frac{\dot{I}_1}{\dot{U}_1} \right|_{\dot{U}_2=0} \qquad (4\text{-}12\text{-}2)$$

$$Y_{21} = \left. \frac{\dot{I}_2}{\dot{U}_1} \right|_{\dot{U}_2=0} \qquad (4\text{-}12\text{-}3)$$

当端口 2-2' 外加电压 $\dot{U}_2$，且端口 1-1' 短路时，可得

$$Y_{12} = \left. \frac{\dot{I}_1}{\dot{U}_2} \right|_{\dot{U}_1=0} \qquad (4\text{-}12\text{-}4)$$

$$Y_{22} = \left. \frac{\dot{I}_2}{\dot{U}_2} \right|_{\dot{U}_1=0} \qquad (4\text{-}12\text{-}5)$$

对于线性 RLC 元件构成的二端口，以上 4 个参数中只有 3 个是独立的，有

$$Y_{12} = Y_{21} \qquad (4\text{-}12\text{-}6)$$

2. Z 参数

用 Z 参数描述线性二端口时，有以下关系

$$\begin{bmatrix} \dot{U}_1 \\ \dot{U}_2 \end{bmatrix} = \begin{bmatrix} Z_{11} & Z_{12} \\ Z_{21} & Z_{22} \end{bmatrix} \begin{bmatrix} \dot{I}_1 \\ \dot{I}_2 \end{bmatrix} \qquad (4\text{-}12\text{-}7)$$

其中 $\mathbf{Z} = \begin{bmatrix} Z_{11} & Z_{12} \\ Z_{21} & Z_{22} \end{bmatrix}$，可将一个端口开路测得，称为二端口的 Z 参数矩阵。这些参数都是在开路情况下得到的，所以又称为开路阻抗参数。

对于线性 RLC 元件构成的二端口，以上 4 个参数中只有 3 个是独立的，有

$$Z_{12} = Z_{21} \quad (4\text{-}12\text{-}8)$$

3. T 参数

用 T 参数描述线性二端口时，有

$$\begin{bmatrix} \dot{U}_1 \\ \dot{I}_1 \end{bmatrix} = \begin{bmatrix} A & B \\ C & D \end{bmatrix} \begin{bmatrix} \dot{U}_2 \\ -\dot{I}_2 \end{bmatrix} \quad (4\text{-}12\text{-}9)$$

其中 $\boldsymbol{T} = \begin{bmatrix} A & B \\ C & D \end{bmatrix}$，称为二端口的 T 参数矩阵。

当端口 2-2′外加电压 $\dot{U}_2$，且端口 2-2′开路时，可得

$$A = \left.\frac{\dot{U}_1}{\dot{U}_2}\right|_{\dot{I}_2=0} \quad (4\text{-}12\text{-}10)$$

$$C = \left.\frac{\dot{I}_1}{\dot{U}_2}\right|_{\dot{I}_2=0} \quad (4\text{-}12\text{-}11)$$

当端口 1-1′外加电压 $\dot{U}_1$，且端口 2-2′短路时，可得

$$B = \left.\frac{\dot{U}_1}{-\dot{I}_2}\right|_{\dot{U}_2=0} \quad (4\text{-}12\text{-}12)$$

$$D = \left.\frac{\dot{I}_1}{-\dot{I}_2}\right|_{\dot{U}_2=0} \quad (4\text{-}12\text{-}13)$$

对于线性 RLC 元件构成的二端口，以上 4 个参数中只有 3 个是独立的，满足

$$AD - BC = 1 \quad (4\text{-}12\text{-}14)$$

（二）扩展实验任务

1. 二端口的级联

当两个二端口 P_1 和 P_2 以级联的方式连接时，如图 4.12.2 所示，各自的 T 参数矩阵分别为 $\boldsymbol{T}'$ 和 $\boldsymbol{T}''$，则级联后的 T 参数矩阵为

$$\boldsymbol{T} = \boldsymbol{T}'\boldsymbol{T}'' \quad (4\text{-}12\text{-}15)$$

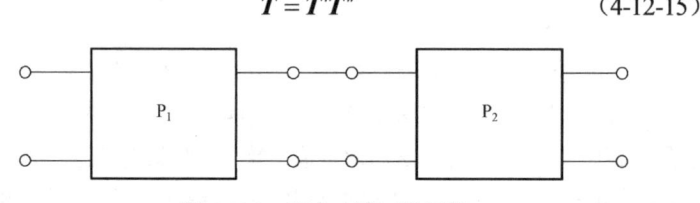

图 4.12.2　两个二端口的级联

五、实验预习要求

（一）基本实验任务

1. 对于如图 4.12.3 所示的二端口，取 $R=510\Omega$，$L=100\text{mH}$，$C=1\mu\text{F}$，分别计算 Z 参数、Y 参数、T 参数，填写在表 4.12.1、表 4.12.2 和 4.12.3 的理论值栏中。

（二）扩展实验任务

将如图 4.12.3 所示的两个完全相同二端口级联后，得到的新的二端口的 T 参数矩阵为_____。

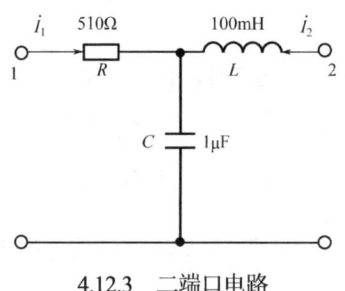

4.12.3　二端口电路

六、实验指导

（一）基本实验内容及步骤

1. 测量 Y 参数

通过短路实验测量二端口的 Y 参数。

（1）连接电路如图 4.12.4（a）所示，取 $R=510\Omega$，$L=100\text{mH}$，$C=1\mu\text{F}$，为了便于测量电流，在输入端口和输出端口各串联一个电流插孔，将端口 2 短路，在端口 1-1′加入频率 f 为 500Hz、有效值为 2V 的正弦交流信号，测量端口 1 处的电压 U_1 和电流 I_1、端口 2 处的电流 I_2，填入表 4.12.1 中。由式（4-12-2）计算 Y_{11}，式（4-12-3）计算 Y_{21}，填入表 4.12.1 中。

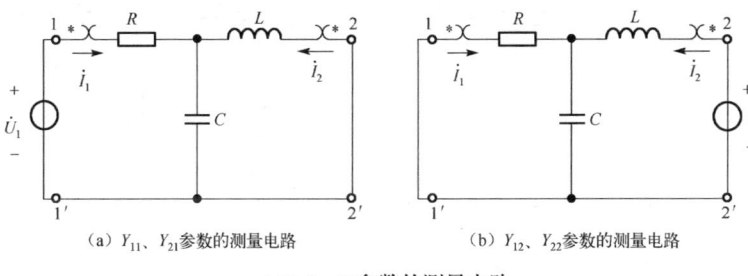

(a) Y_{11}、Y_{21} 参数的测量电路　　　　(b) Y_{12}、Y_{22} 参数的测量电路

4.12.4　Y 参数的测量电路

（2）连接电路如图 4.12.4（b）所示，将端口 1 短路，在端口 2 处加入频率 f 为 500Hz、有效值为 2V 的正弦交流信号，测量端口 1 处的电流 I_1 和端口 2 处的电压 U_2 和电流 I_2，填入表 4.12.1，由式（4-12-4）计算 Y_{12}，式（4-12-5）计算 Y_{22}，填入表 4.12.1。

表 4.12.1　Y 参数测量数据

数据	U_2=0V					U_1=0V				
	U_1/V	I_1/mA	I_2/mA	Y_{11}/S	Y_{21}/S	U_2/V	I_1/mA	I_2/mA	Y_{12}/S	Y_{22}/S
理论值										
测量值										

2. 测量 Z 参数

（1）连接电路如图 4.12.5（a）所示，取 $R=510\Omega$，$L=100\text{mH}$，$C=1\mu\text{F}$，为了便于测量电流，在输入端口和输出端口各串联一个电流插孔，将端口 2 开路，在端口 1-1′加入频率 f 为 500Hz、有效值为 2V 的正弦交流信号，测量端口 1 处的电压 U_1 和电流 I_1、端口 2 处的电压 U_2，填入表 4.12.2。由式 $Z_{11}=\left.\dfrac{\dot{U}_1}{\dot{I}_1}\right|_{\dot{I}_2=0}$ 计算 Z_{11}，式 $Z_{21}=\left.\dfrac{\dot{U}_2}{\dot{I}_1}\right|_{\dot{I}_2=0}$ 计算 Z_{21}，填入表 4.12.2。

（2）连接电路如图 4.12.5（b）所示，将端口 1 开路，在端口 2 处加入频率 f 为 500Hz，有效值为 2V 的正弦交流信号，测量端口 1 处的电压 U_1 和端口 2 处的电压 U_2 和电流 I_2，填入表 4.12.2，由式 $Z_{12}=\left.\dfrac{\dot{U}_1}{\dot{I}_2}\right|_{\dot{I}_1=0}$ 计算 Z_{12}，式 $Z_{22}=\left.\dfrac{\dot{U}_2}{\dot{I}_2}\right|_{\dot{I}_1=0}$ 计算 Z_{22}，填入表 4.12.2。

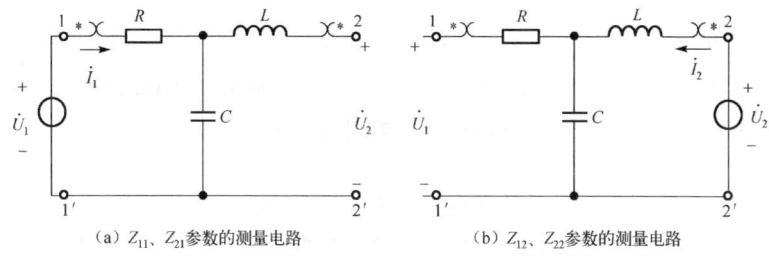

(a) Z_{11}、Z_{21} 参数的测量电路　　　　(b) Z_{12}、Z_{22} 参数的测量电路

4.12.5　Z 参数的测量电路

表 4.12.2　Z 参数测量数据

数据	I_2=0V					I_1=0V				
	U_1/V	I_1/mA	U_2/V	Z_{11}/Ω	Z_{21}/Ω	U_1/V	U_2/V	I_2/mA	Z_{12}/Ω	Z_{22}/Ω
理论值										
测量值										

3. 测量 T 参数

（1）连接电路如图 4.12.6（a）所示，取 $R=510\Omega$，$L=100\text{mH}$，$C=1\mu\text{F}$，为了便于测量电流，在输入端口和输出端口各串联一个电流插孔。将端口 2-2′开路，端口 1-1′接入频率 f 为 500Hz、有效值为 2V 的正弦交流信号，测量端口 2 的电压 U_2，端口 1 的电压 U_1 和电流 I_1，将测量结果填入表 4.12.2，按照式（4-12-10）式（4-12-11）计算 A 和 C，填入表 4.12.2。

（2）再将端口 2-2′短路，如 4.12.6（b）图所示，测量端口 1 的电压 U_1 和电流 I_1，端口 2 的电流 I_2，将测量结果填入表 4.12.2，按照式（4-12-12）和式（4-12-13）计算 B 和 D，填入表 4.12.3。

（3）将测量数据与理论数据相比较，验证式（4-12-14）。

（二）扩展实验内容及步骤

T 参数级联

（1）实验电路如图 4.12.7 所示，取电路的参数为：$R_1=R_2=1\text{k}\Omega$，$R_3=470\Omega$，分别测量图 4.12.7（a）和图 4.12.7（b）的 T 参数：T_a 和 T_b，测量方法和步骤与基本实验中的 T 参数的测量方法一致，将测量结果填写在表 4.12.4 中。

（2）将如图 4.12.7（a）所示的电路和如图 4.12.7（b）所示的电路级联，即：A 与 B 相连，C 与 D 相连，测量级联后的 T 参数，将测量结果填写在表 4.12.4 中，验证公式：$T=T_aT_b$。

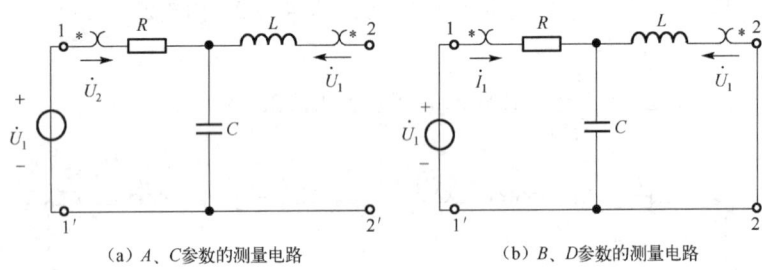

（a）A、C 参数的测量电路　　（b）B、D 参数的测量电路

4.12.6　T 参数的测量电路

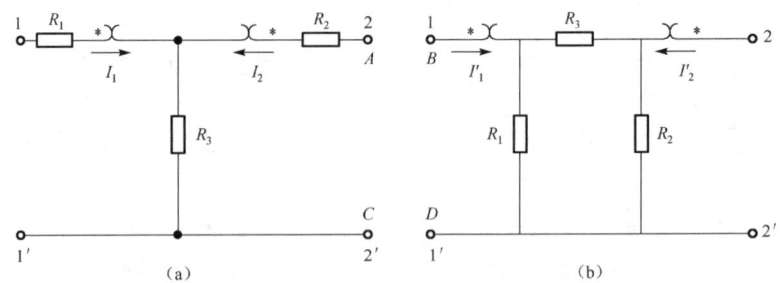

(a)　　(b)

图 4.12.7　二端口 T 参数级联实验电路

表 4.12.3　T 参数测量数据

数据	$I_2=0\text{mA}$					$U_2=0\text{V}$				
	I_1/mA	U_2/V	U_1/V	A	C/S	I_1/mA	U_1/V	I_2/mA	B/Ω	D
理论值										
测量值										

表 4.12.4　T 参数级联的测量数据

T_a	T_b	T_aT_b	T

七、实验注意事项

1. 测量各支路电流时，应注意选定的参考方向及电流表的极性（电流插孔的极性），正确记录测量结果的"+""−"。

2. 在测量不同的物理量时,应根据预习中计算的电压和电流值,选择合适的仪表量程。

3. 电路改接时,一定要关闭电源。

八、实验报告要求

1. 简述实验方案和步骤。
2. 记录原始实验数据和理论计算数据,完成数据表格中的计算。
3. 依据实验结果,分析比较二端口参数之间的关系。
4. 总结本次实验情况,写出此次实验的心得体会,包括实验中遇到的问题的处理方法和结果。

4.13 互感电路实验

一、实验目的

1. 加深对自感和互感电路理论知识的理解。
2. 理解互感电路中的互感系数 M,自感系数 L_1、L_2 以及耦合系数 k 的物理意义。
3. 学会用实验方法测定互感电路的同名端、互感系数、自感系数及耦合系数。

二、实验任务

（一）基本实验任务

1. 分别用直流法和交流法测量互感线圈的同名端。
2. 测量互感线圈的互感系数 M。
3. 测量互感线圈的自感系数 L_1、L_2。
4. 计算耦合电感的耦合系数 k。

三、基本实验条件

（一）仪器仪表

1. 直流稳压电源   1 台
2. 单相电量仪   1 块
3. 电流表   1 台
4. 万用表   1 台

（二）器材器件

1. 互感耦合线圈   1 对
2. U 形铁芯   1 个
3. 定值电阻   若干
4. 发光二极管   1 个
5. 电容   1 个

四、实验原理

（一）基本实验任务

1. 判断互感线圈同名端的方法

（1）直流法

电路如图 4.13.1 所示,将线圈 N_1 与直流电源 U 相接,线圈 N_2 与电流表相接,开关 S 闭合瞬间,线圈 N_1 和 N_2 分别产生感应电动势 e_{L1} 和 e_{L2},因为 $\dfrac{di_1}{dt} > 0$,$e_{L1} = -L_1 \dfrac{di_1}{dt} < 0$,$e_{L1}$ 的实际方向与参考方向相反,即"1"端为 N_1 的"+"级,2 端为 N_1 的"-"极。若此时与 N_2 相连的电流表的读数为正,则可断定 1、3 为同名端;反之,若电流表的读数为负,则 1、4 为同名端。

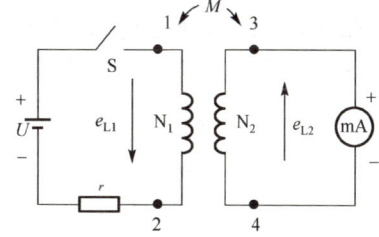

图 4.13.1 直流法判断互感线圈的同名端

（2）交流法

电路如图 4.13.2（a）所示，将两个线圈 N_1 和 N_2 的 2、4 端串联在一起，在 1、3 端加交流电压 u_s，测量电流 i_1 的有效值 I_1。重新连接电路如图 4.13.2（b）所示，将两个线圈 N_1 和 N_2 的 2、3 端串联在一起，在 1、4 端加同样大小的交流电压 u_s，测量电流 i_2 的有效值 I_2。比较 I_1 和 I_2 的大小，若 $I_1 > I_2$，说明 4.13.2（a）图中的连接方式为反串，4.13.2（b）图中的连接方式为正串，则 1、3 为同名端；反之，若 $I_1 < I_2$，说明 4.13.2（a）图中的连接方式为正串，4.13.2（b）图中的连接方式为反串，则 1、4 为同名端。

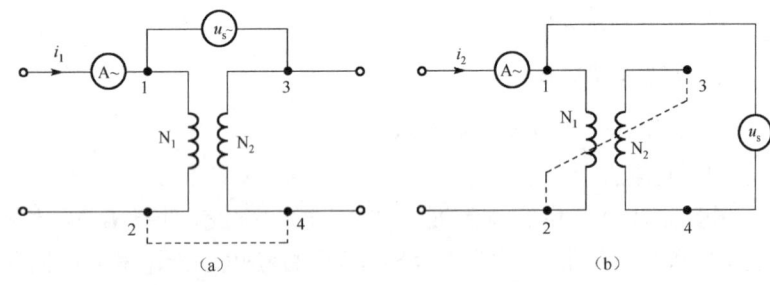

图 4.13.2 交流法判断互感线圈同名端

2. 两线圈互感系数 M 的测定

（1）开路法测互感系数

在图 4.13.3 的 N_1 侧施加低压交流电 u_1，N_2 侧开路，测出 I_1 及 U_2。根据互感电动势 $E_{2M} \approx U_{20} = \omega M I_1$，可算得互感系数为

$$M = \frac{U_{20}}{\omega I_1} \quad (4\text{-}13\text{-}1)$$

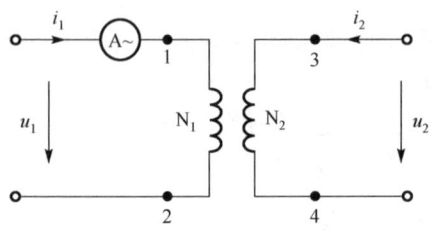

图 4.13.3 测量互感系数

（2）顺串和反串法测量互感系数

如图 4.13.2 所示，判断线圈的同名端，先将两个线圈 N_1 和 N_2 顺向串联一次，得到

$$\dot{U} = (R_1 + R_2)\dot{I} + j\omega(L_1 + L_2 - 2M)\dot{I} \quad (4\text{-}13\text{-}2)$$

因为 $|Z| = \dfrac{U}{I}$，$Z = |Z|\cos\varphi + j|Z|\sin\varphi = R + jX_L$

所以 $\quad L_{顺串} = L_1 + L_2 + 2M = \dfrac{U}{I\omega}\sin\varphi_{顺串} \quad (4\text{-}13\text{-}3)$

其中，$\varphi_{顺串}$ 为顺串的阻抗角。

再将两个线圈 N_1 和 N_2 反向串联一次，得到

$$\dot{U} = (R_1 + R_2)\dot{I} + j\omega(L_1 + L_2 - 2M)\dot{I}$$

$$L_{反串} = L_1 + L_2 - 2M = \frac{U}{I\omega}\sin\varphi_{反串} \quad (4\text{-}13\text{-}4)$$

其中，$\varphi_{反串}$ 为反串的阻抗角。

可得 $\quad M = \dfrac{L_{顺串} - L_{反串}}{4} \quad (4\text{-}13\text{-}5)$

3. 自感系数 L_1、L_2 的测定

实验中通常用开路法测量线圈的自感系数，把铁芯线圈等效为 R、L 的串联，在如图 4.13.4（a）所示的电路中，先在 N_1 侧施加低压交流电

u_s，测出 N_2 侧开路时 N_1 侧的电压 U_1 和电流 I_1 的值；因为 N_1 侧的电压电流关系为：$\dot{U}_1 = R_1\dot{I}_1 + j\omega L_1\dot{I}_1 + j\omega M\dot{I}_2$，由于 N_2 侧开路，$\dot{I}_2 = 0$，电路中无互感电压，因此 $\dot{U}_1 = R_1\dot{I}_1 + j\omega L_1\dot{I}_1$，则自感系数 L_1 为

$$L_1 = \frac{U_1}{I_1\omega}\sin\varphi_1 \tag{4-13-6}$$

用相同的方法在 N_2 侧加电压 u_s，如图 4.13.4（b）所示，测出 N_1 侧开路时 N_2 侧的电压 U_2 和电流 I_2 的值，同理，线圈 N_2 的自感系数 L_2 的大小为

$$L_2 = \frac{U_2}{I_2\omega}\sin\varphi_2 \tag{4-13-7}$$

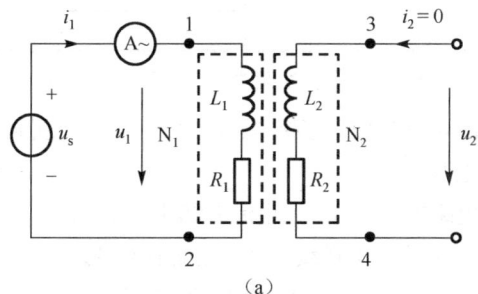

(a)

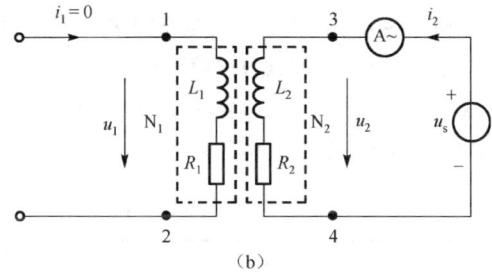

(b)

图 4.13.4 自感系数的测量电路

4. 耦合系数 k 的计算

两个互感线圈耦合的程度可以用耦合系数 k 来表示

$$k = M/\sqrt{L_1L_2} \tag{4-13-8}$$

五、实验预习要求

（一）基本实验任务

1. 在如图 4.13.1 所示的电路中，用直流法判断同名端时，可否在开关断开的瞬间，利用电流表的指针偏转来判断同名端？如果可以，那么如何判断？

2. 互感系数与交流信号的频率 f 有怎样的函数关系？

3. 写出用相位法计算线圈自感的公式。

六、实验指导

（一）基本实验内容及步骤

1. 判断互感线圈同名端

（1）直流法

① 实验线路如图 4.13.1 所示。先将 N_1 和 N_2 两线圈的四个接线端子以 1、2 和 3、4 编号。

② U 为可调直流稳压电源，调至 10V，为使流过 N_1 侧的电流不超过 0.4A（选用 5A 量程的数字电流表），建议电阻 r 的参数设置为 30Ω/8W。

③ 在 N_2 侧接入 2mA 量程的电流表。

④ 将 S 闭合的瞬间，观察电流表读数正、负的变化，将观察的结果填入表 4.13.1（或者在 N_2 的两个接线端子 3、4 间接入发光二极管，观察发光二极管是否发光，判断 3、4 端子的正负）。

⑤ 判断 N_1 和 N_2 两个线圈的同名端，将结论填入表 4.13.1。

表 4.13.1　判断互感线圈的同名端

直流法	交流法			
S 闭合瞬间 i_2 的变化	同名端	I_1/mA	I_2/mA	大小关系	同名端

（2）交流法

用交流法测量互感同名端的方法如图 4.13.2 所示，设置交流电源电压的有效值为 12V。

① 先将 N_1 和 N_2 两线圈的四个接线端子以 1、2 和 3、4 编号。

② 按照图 4.13.2（a）连接电路，端子 1、3 外接电源电压 u_s，端子 2、4 串联在一起。

③ 测量线圈 N_1 上的电流 I_1，填入表 4.13.1。

④ 改变电路的接线如图 4.13.2（b）所示，端子 1、4 间外接电源电压 u_s，端子 2、3 相串联。

⑤ 重新测量线圈 N_1 上的电流 I_2，填入表 4.13.1。

⑥ 比较 I_1 和 I_2 的大小，若 $I_1 > I_2$，则 1 和 3 为同名端，否则 1 和 4 为同名端。

2. 测量互感线圈的自感和互感系数

（1）按照图 4.13.4（a）连接电路，在 N_1 侧加 12V 的交流电压，N_2 侧开路。

（2）分别测量 U_1、I_1、φ_1 和 U_2，填入表 4.13.2。

（3）根据式（4-13-1）计算互感系数 M_{21}，根据式（4-13-6）计算自感系数 L_1，填入表 4.13.2。

（4）改变电路的连接如图 4.13.4（b）所示，在 N_2 侧加 12V 的交流电压，N_1 侧开路。重新测量 N_1 侧和 N_2 侧的电压电流量，填入表 4.13.2。

（5）根据式（4-13-1）计算互感系数 M_{12}，根据式（4-13-7）计算自感系数 L_2，填入表 4.13.2。

表 4.13.2　互感和自感系数的测量

测量值（N_2 侧开路）				理论值		测量值（N_1 侧开路）				理论值	
U_1/V	I_1/mA	φ_1/°	U_2/V	M_{21}/mH	L_1/mH	U'_2/V	I'_2/mA	φ_2/°	U'_1/V	M_{12}/mH	L_2/mH

3. 计算互感线圈的耦合系数

根据式（4-13-8）计算互感线圈的耦合系数，填写在表 4.13.3 中。

表 4.13.3　互感线圈的耦合系数

L_1/mH	L_2/mH	M/mH	k

4. 利用顺串反串法测量等效电感和互感

（1）按照图 4.13.2（a）连接电路，将 2、4 端子相连，1、3 端子外接 12V 的交流电源。

（2）测量电路中的电压 U、电流 I 和阻抗角 φ 的值。

（3）断开 2、4 之间的接线，修改电路的连接如图 4.13.2（b）所示，重新测量电路中电压 U'、电流 I' 和阻抗角 φ' 的值。

（4）比较 I_1 和 I_2 的大小，电流大的电路的接法是反向串联；电流小的电路的接法是顺向串联，将测试数据填写在表 4.13.4 中。

（5）将测试数据分别代入式（4-13-3）、式（4-13-4）和式（4-13-5）中，计算出等效电感和互感的值，填入表 4.13.4 中。

表 4.13.4　等效电感的计算

顺向串联			反向串联			计算值		
U/V	I/mA	φ/°	U'/V	I'/mA	φ'/°	$L_{顺}$/mH	$L_{反}$/mH	M/mH

七、实验注意事项

1. 整个实验过程中，注意流过线圈 N_1 和线圈 N_2 的电流不得超过额定值。

2. 用直流电做实验时要注意线圈的发热情况，不能长时间在线圈中通以直流电。

3. 做交流实验时，注意接在各线圈上的电压不得超过其额定电压。

八、实验报告要求

1. 简述实验方案和步骤。
2. 记录原始实验数据和理论计算数据，完成数据表格中的计算。
3. 总结互感线圈同名端、自感和互感系数的实验测试方法。
4. 总结本次实验情况，写出此次实验的心得体会，包括实验中遇到的问题的处理方法和结果。

4.14 变压器的应用

一、实验目的

1. 学习测量变压器的变比。
2. 学习测定变压器的外特性。
3. 学习用实验的方法测定变压器绕组的同名端。
4. 学习测量变压器的功率损耗。

二、实验任务

（一）基本实验任务

1. 在变压器空载的条件下，测量变压器的变比。
2. 改变变压器的次级线圈负载，测量初级线圈和次级线圈的电压电流参数，测定变压器的外特性。

3. 使用交流电压表法判断变压器绕组的同名端，记录测量数据，并说明判断依据。

（二）扩展实验任务

测量变压器的功率损耗。

三、基本实验条件

（一）仪器仪表

1. 交流电压表	1 台
2. 交流电流表	1 台
3. 万用表	1 块
4. 单相功率表	1 台
5. 自耦调压器	1 台

（二）器材器件

1. 单相变压器	1 台
2. 白炽灯	若干
3. 开关	若干

四、实验原理

（一）基本实验任务

1. 变压器的空载特性

变压器初级线圈加额定电压，次级线圈开路的工作状态称为变压器的空载，变压器的变比是在空载时测得的，变压比 $K = U_1/U_{20}$，其中 U_{20} 为次级线圈空载时的电压。

变压器空载时，初级线圈电压 U_1 与空载电流 I_0 的关系称为空载特性，其变化曲线和铁芯的磁化曲线相似，如图 4.14.1 所示。空载特性曲线可以反映变压器磁路的工作状态。磁路的最佳工作状态是在空载电压等于额定电压时，最佳工作点在空载特性曲线接近饱和而又没有达到饱和的拐点（边缘）

处。如果工作点偏低，空载电流很小，磁路远离饱和状态，可以适当减少铁芯的截面积或者适当减少线圈匝数；如果工作点偏高，空载电流太大，则磁路已达到饱和状态，应适当增大铁芯的截面积或者增加线圈匝数。

2. 变压器的外特性

变压器的原副绕组都具有内阻抗，即使初级线圈电压 U_1 数值不变，次级线圈电压 U_2 也将随着负载电流 I_2 的变化而变化。当 U_1 一定、负载功率因数 $\cos\varphi_2$ 不变时，U_2 与 I_2 的关系就是变压器的外特性，其变化曲线如图 4.14.2 所示。对于电阻性和电感性的负载，U_2 随着 I_2 的增加而减小。

表分别测出端电压 U_{13}、U_{12} 和 U_{34}。若 U_{13} 是两个绕组端电压的代表差，则 1、3 是同名端；若 U_{13} 是两个绕组端电压之和，则 1、4 是同名端。

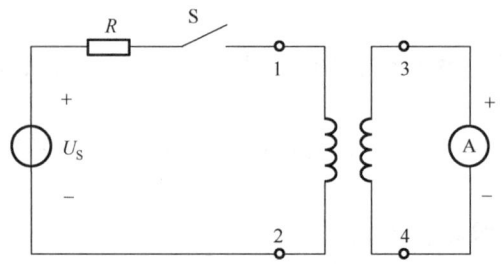

图 4.14.3 直流法测定同名端

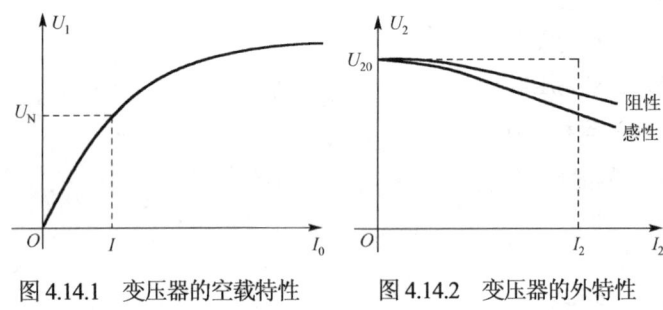

图 4.14.1 变压器的空载特性　　图 4.14.2 变压器的外特性

3. 变压器绕组的同名端

使用变压器时，有时要注意绕组的正确连接。而正确连接的前提是必须判断出绕组的同名端。通常在绕组上标以记号"*"表示同名端。同名端的判断通常用直流法和交流法。

图 4.14.3 是用直流法测定同名端的电路。在 S 闭合瞬间，若电流（毫安）表正向偏转，则 1、3 端为同名端。若电流表反向偏转，则 1、4 端为同名端。

图 4.14.4 是用交流法测定同名端的电路。将两个绕组的任意两端（如 2、4 端）连在一起，在其中的一个绕组两端加一个交流电压，用交流电压

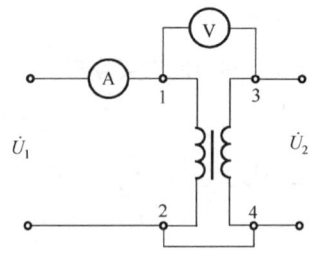

图 4.14.4 交流法测定同名端

（二）扩展实验任务

1. 变压器铁损的估算

变压器在空载的状态下的一次侧电流称为空载电流 I_0，变压器消耗的功率 P_0 称为空载损耗，性能良好的变压器在正常情况下的空载电流很小，I_0 约为 I_e 的 5%～12%，其中 I_e 为变压器（一次侧）额定工作电流，空载损耗为

$$P_0 = P_{Cu0} + P_{Fe} = I_0^2 R_1 + P_{Fe} \approx P_{Fe} \qquad (4\text{-}14\text{-}5)$$

其中，P_{Cu0} 为变压器空载时的铜损；P_{Fe} 为变压器的铁损；R_1 为变压器空载时的一次侧线圈电阻。由于 I_0 和 R_1 都非常小，可以认为空载损耗 P_0 就是铁芯损耗 P_{Fe}。铁芯损耗也称铁损，包括涡流损耗和磁滞损耗。

2. 变压器铜损的估算

变压器的铜损通过变压器的短路实验来测量，短路实验是将变压器二次侧短路，一次侧加非常低的电压，使二次侧电流达到额定值的情况下所进行的实验，实验中一次侧所加电压 U_K 称为短路电压，短路实验所测得的功率损耗 P_K 称为短路损耗。即

$$P_K = I_{1K}^2 R_1 + I_{2K}^2 R_2 + P_{FeK} \qquad (4\text{-}14\text{-}6)$$

因为短路电压很低，铁芯中的磁通密度远小于额定工作状态的磁通密度，故短路实验时的铁损很小，可以认为短路铁损就是变压器额定运行时的铜损耗，即

$$P_{Cu} \approx P_K \qquad (4\text{-}14\text{-}7)$$

从变压器空载和短路实验测得的铁损和铜损可以求得变压器额定运行时的效率为

$$\eta = \frac{P_2}{P_2 + P_{Fe} + P_{Cu}} \times 100\% \qquad (4\text{-}14\text{-}8)$$

五、实验预习要求

（一）基本实验任务

1. 说明变压器的空载特性和有载工作特性。
2. 变压器的同名端是怎样定义的？通常使用的测定方法是什么？
3. 请写出变压器变换电压、变换电流、变换阻抗的公式。

（二）扩展实验任务

变压器的损耗功率包括哪几部分？由什么实验完成？

六、实验指导

（一）基本实验内容及步骤

1. 变压器等效电路参数的测量

（1）可以用万用表的欧姆档直接测量变压器的直流电阻值，将测量数值填入表 4.14.1。

（2）在变压器初级线圈上加额定电压，分别测量初级和次级线圈中的电压和电流，根据 2.3 节中的式（2-3-1）计算初级和次级线圈的等效电感，填写在表 4.14.1 中。

表 4.14.1 变压器的元件参数

测量值		涡轮值	
初级线圈电阻/Ω	次级线圈电阻/Ω	初级线圈等效电感/mH	次级线圈等效电感/mH

2. 变压器变比的测定

在如图 4.14.5 所示的变压器初级线圈中接入额定电压，次级线圈不接负载，测量初级线圈的电压 U_1 和次级线圈的空载电压 U_{20}，计算变压比 $K = \dfrac{U_1}{U_{20}}$，填入表 4.14.2 中。

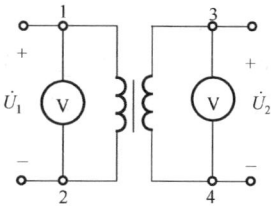

图 4.14.5 变压器变比测定

表 4.14.2 变压器变比的测定

U_1/V	U_{20}/V	K

3. 变压器外特性的测定

保持变压器初级线圈电压 U_1 为额定电压不变,次级线圈逐个接上白炽灯,如图 4.14.6 所示,每次均测量 I_1、I_2、U_2,将测量结果填入表 4.14.3。

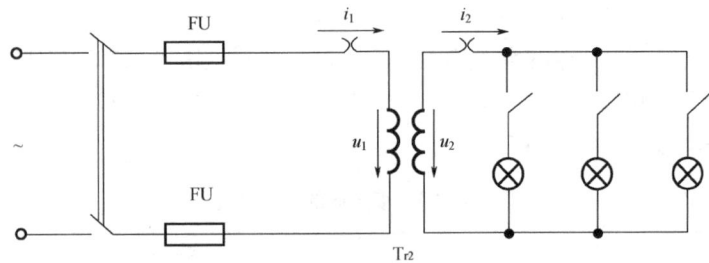

图 4.14.6 变压器外特性测定

表 4.14.3 变压器外特性测量数据记录

白炽灯数量	I_1/mA	I_2/mA	U_2/V
1 个			
2 个			
3 个			

4. 变压器同名端的测定

如图 4.14.4 所示,将变压器 2、4 端短路,在初级线圈加额定交流电压 U_{12}=220V,用交流电压表分别测量次级线圈电压 U_{34} 和 1、3 端之间的电压 U_{13},把测量值和计算值一起填入表 4.14.4,并根据表中的计算结果判断两个绕组的同名端。

表 4.14.4 测量并判断变压器绕组的同名端

U_{12}/V	U_{34}/V	U_{13}/V	$U_{12}+U_{34}$/V	$U_{12}-U_{34}$/V

可以判断变压器绕组的同名端为_____。

(二)扩展实验内容及步骤

1. 变压器铁损的估算实验

按照图 4.14.7 接线,调节自耦调压器,将一次侧电压升高,从 1.2U 开始,逐渐降低电压,读取相应的电压、电流和功率,填入表 4.14.5。

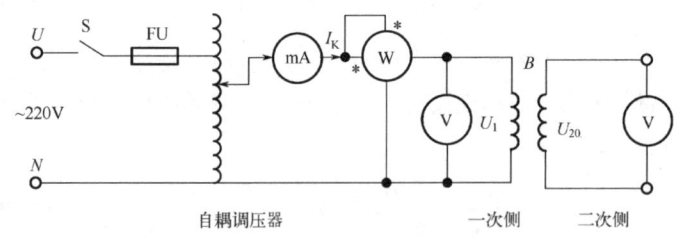

图 4.14.7 变压器铁损的估算实验电路

表 4.14.5 变压器的空载

次数	1	2	3	4	5	6	7
U_1/V							
I_0/mA							
P_0/W							

根据表 4.14.5 中的数据绘制变压器的空载特性曲线。

2. 变压器铜损的估算实验

用导线将副边短路,按照图 4.14.8 接线,必须先将调压器旋钮逆时针旋转到零位,再接通电源!

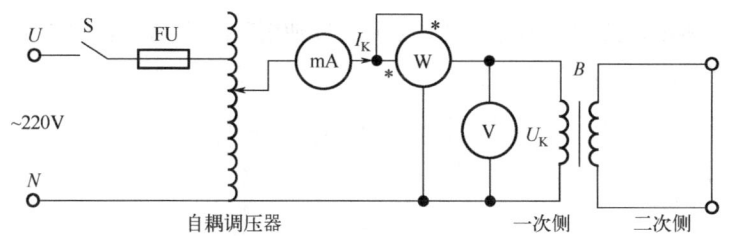

图 4.14.8 变压器铜损的估算实验电路

缓慢调节自耦调压器的调压旋钮,使调压器的输出电压从零逐渐增加,在变压器副边短路的情况下,变压器原边电流达到额定电流值。测定此时的电压 U_K、电流 I_K、功率 P_K,填入表 4.14.6。根据式(4-14-6)估算变压器的铜损 P_{Cu},根据式(4-14-8)计算变压器额定运行时的效率 η,将计算结果填写在表 4.14.6 中。

表 4.14.6 变压器的短路实验

U_K/V	I_K/mA	P_K/W	P_{Cu}/W	η

七、实验注意事项

1. 本实验为强电实验,务必注意用电和人身安全,接线前一定要先断开电源。

2. 遇到异常情况,应立即断开电源,待处理好故障后,才能继续实验。

3. 在整个实验过程中,将一个电流表串接在原绕组中,注意流过原绕组的电流不能超过绕组的额定电流。

4. 切勿将自耦变压器的一次侧和二次侧接反,使用完毕后一定要将手柄调回到输出电压为 0 的状态。

八、实验报告要求

1. 简述实验方案和步骤。

2. 记录原始实验数据和理论计算数据,完成数据表格中的计算。

3. 根据表 4.14.3 测量数据,作 $U_2=f(I_2)$ 曲线,并计算电压调整率。

4. 根据表 4.14.5 的测量数据,绘出变压器的空载特性曲线。

5. 总结本次实验情况,写出此次实验的心得体会,包括实验中遇到的问题的处理方法和结果。

附录：常用仪器、仪表的使用

一、直流稳压电源

直流稳压电源的作用是为电路提供电能。其输出电压在最大输出电压值下连续可调。下面以三路可编程直流稳压电源 IT6302A 为例介绍直流稳压电源的基本使用。

IT6302A 型直流稳压电源是一种输出电压、电流可调的多功能电源，其前面板如附录图 1 所示。

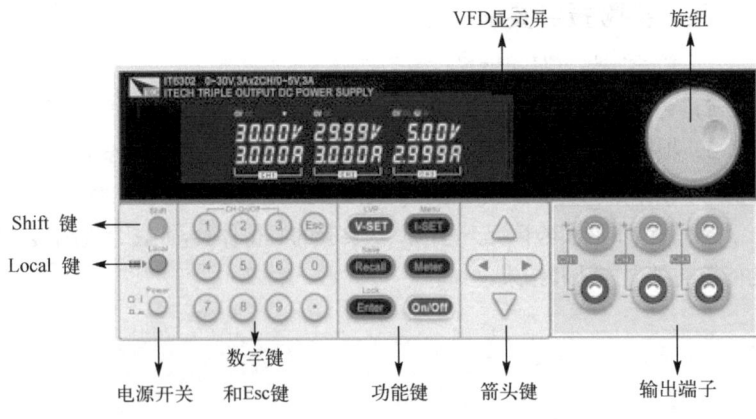

附录图 1　IT6302A 型直流稳压电源前面板

IT6302A 型直流稳压电源有 3 组独立直流电源输出，其输出端子如附录图 2 所示，通常红色端子作为电路中正极的输出端子，黑色端子作为电路中负极的输出端子。其中 CH1 通道和 CH2 通道的输出电压都可在 0~30V 之间连续调节，CH3 通道的输出电压可以在 0~5V 之间连续调节，三路的最大电流均为 3A。

CH1 通道和 CH2 通道可选择串联、并联或同步功能使用，当 CH1 通道和 CH2 通道串联使用时，最大输出电压为 60V，端子接线图如附录图 3 所示。当 CH1 通道和 CH2 通道并联使用时，最大输出电流为 6A，端子接线图如附录图 4 所示。

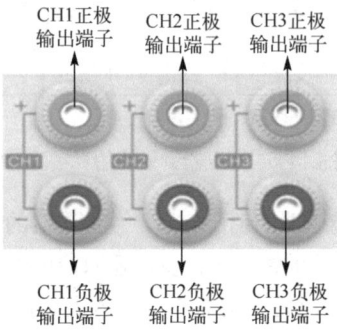

附录图 2　输出端子

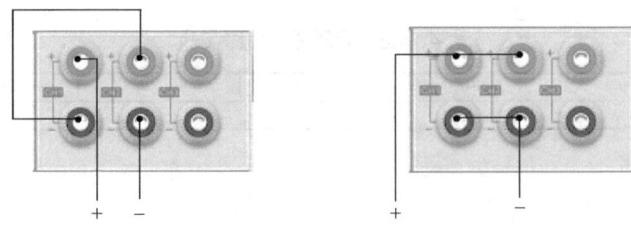

附录图 3　CH1 通道和 CH2 通道串联　　附录图 4　CH1 通道和 CH2 通道并联

IT6302A 的 TRACK 功能可以让 CH1 通道和 CH2 通道的电压和电流对应成比例变化，选择"TRACK"功能，按"Enter"键确认后，可以将 CH1 通道和 CH2 通道设置成同步模式。此时 CH2 通道将自动与 CH1 通道成比例变化。

直流稳压电源的 VFD 显示屏如附录图 5 所示，标记显示为 CV 时表示为电压源输出；显示为 CA 时表示为电流源输出。"∇"符号为通道选择符号，它指示在哪个通道时，可以设置该通道的参数。按下"Local"键，可以移动"∇"符号的位置。

附录图 5　VFD 显示屏

1. 电压设置

（1）按下"Power"键，打开直流稳压电源。

（2）按下"Local"键，选择通道，即设置该通道的电压值。

（3）按下"V-SET"功能键设置电压值，其主要方法有：

① 通过数字键输入电压值，按"Enter"键确认；

② 通过旋钮输入电压值，按"Enter"键确认。

2. 电流设置

（1）按下"Power"键，打开直流稳压电源。

（2）按下"Local"键，选择通道，即设置该通道的电流值。

（3）按下"I-SET"功能键设置电流值，其主要方法有：

① 通过数字键输入电流值，按"Enter"键确认；

② 通过旋钮输入电流值，按"Enter"键确认。

3. 电源设置完成后按下"On/Off"电源开关键，将电源的三个通道同时进行输出，若要实现单路输出可通过"Shift"按键加数字键"1"~"3"完成。

4. 菜单功能：同时按下"Shift"键和"I-SET"功能键可以进入菜单功能。

5. 使用直流稳压电源时，应注意以下问题：

（1）调整直流稳压电源大小时，应以万用表的测试数据为准；

（2）检查电路正确无误后，方可打开电源开关（On/Off），进行实验操作；

（3）电压源绝对不能短路，以免损坏设备；

（4）改接电路时，应关闭电源开关，断电操作。

二、万用表

万用表 UT803 的使用

万用表是最常用的测量仪表，可以用来测量电路中的电压、电流和电阻等电路参数。万用表可分为模拟式（指针式）和数字式两大类。

UT803 是 5999 计数 3.5 / 6 位显示的数字式台式万用表，可用于测量交流电压和电流有效值、直流电压和电流、电阻、二极管、电路通断、电容、频率、温度、hFE、最大/最小值等参数，并配备 RS232C、USB 标准接口，数据保持、欠压显示、背光和自动关机等功能。UT803 前面板如附录图 6 所示。

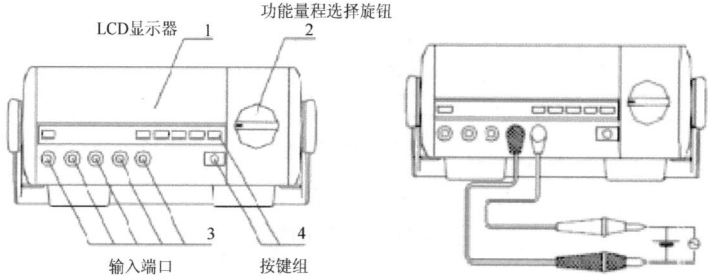

附录图 6　UT803 前面板　　附录图 7　交直流电压的测量

（1）交直流电压测量

① 将红表笔插入"V"插孔，黑表笔插入"COM"插孔。

② 将功能旋钮开关置于"V"电压测量档，按下"SELECT"键选择所需测量的交流或直流电压，交流电压选择"AC"档位，直流电压选择"DC"档位，再将表笔并联到待测电源或负载两端，如附录图 7 所示。

③ 从显示窗口上直接读取被测电压值。交流电路中的测量值为电压的有效值。

（2）交直流电流测量

① 将红表笔插入"μAmA"或"A"插孔，黑表笔插入"COM"插孔。

② 将功能旋钮开关置于电流测量档"μA"、"mA"或"A"，按下"SELECT"键选择所需测量的交流或直流电流，交流电流选择"AC"档位，直流电流选择"DC"档位，并将仪表表笔串联到待测回路中。

③ 从显示窗口上直接读取被测电流值，交流电流测量的显示值为有效值。

（3）电阻测量

① 将红表笔插入"Ω"插孔，黑表笔插入"COM"插孔。

② 将功能旋钮开关置于"Ω ·)) ▶︱"测量档，按下"SELECT"键选择电阻测量，并将表笔并联到被测电阻两端，如附录图8所示。

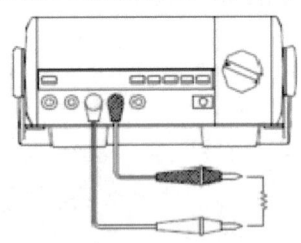

附录图8　电阻的测量

③ 从显示窗口上直接读取被测电阻值。

④ 使用万用表测量电阻时，应注意电阻应断电测量。

（4）电路通断测量

① 将红表笔插入"Ω"插孔，黑表笔插入"COM"插孔。

② 将功能旋钮开关置于"Ω ·)) ▶︱"测量档，按下"SELECT"键，选择电路通断测量，并将表笔并联到被测电路负载的两端。如果被测两端之间电阻<10Ω，认为电路良好导通，蜂鸣器连续声响；如果被测两端之间电阻>30Ω，认为电路断路蜂鸣器不发声。

（5）二极管测量

① 将红表笔插入"Ω"插孔，黑表笔插入"COM"插孔。红表笔极性为"+"，黑表笔极性为"−"。

② 将功能旋钮开关置于"Ω ·)) ▶︱"测量档，按下"SELECT"键，选择二极管测量，将红表笔接到被测二极管的正极，黑表笔接到二极管的负极。

③ 从显示器上直接读取被测二极管的近似正向PN结电压。对硅PN结而言，一般500~800mV确认为正常值。

（6）电容测量

① 将红表笔插入"HzΩmV"插孔，黑表笔插入"COM"插孔。

② 将功能旋钮开关置于"▶︱"档位，此时仪表会显示一个固定读数，此数为仪表内部的分布电容值。对于小量程档电容的测量，被测量值一定要减去此值，才能确保测量精度。

（7）频率测量

① 将红表笔插入"Hz"插孔，黑表笔插入"COM"插孔。

② 将功能旋钮开关置于"Hz"测量档位，按"SELECT"键选择"Hz"测量挡位，并将表笔并联到待测信号源上。

③ 从显示器上直接读取被测频率值。

（8）三极管 h_{FE} 测量

① 将功能旋钮开关置于"hFE"档位。

② 将转接插座插入"μA mA"和"Hz"二插孔。

③ 将被测NPN或PNP型三极管插入转接插座对应孔位。

④ 从显示器上直接读取被测三极管 h_{FE} 近似值，如附录图9所示。

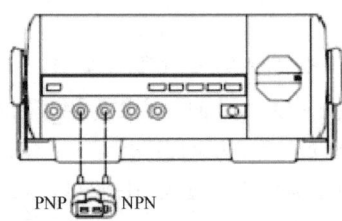

附录图9　三极管 h_{FE} 测量

（9）数据保持（HOLD）

在任何测量情况下，当按下"HOLD"键时，LCD 显示 ，仪表随即保持显示测量结果，进入保持测量模式。再按一次 HOLD 键，仪表退出保持测量模式，随机显示当前测量结果。

（10）手动量程选择（RANGE）

按此键退出自动（Auto）量程模式进入手动（Manual）量程模式。当按下时间超过 1 秒则退出手动量程模式，重返自动量程模式。

（11）最大、最小值测量（MAX/MIN）

按此键开始显示最大、最小值。逐步按此键可依次循环显示最大、最小值。当按下时间超过 1 秒则退出最大、最小值测量模式。

（12）LCD 背光控制（LIGHT）

按此键打开 LCD 背光，再按一次关闭背光。在交流供电时背光常亮，此键不起作用。

（13）功能选择（SELECT）

当测量功能复合在同一个功能位置时，按此键（SELECT）可以选择所需要的测量功能。

（14）供电选择开关（AC/DC）

（AC）220V/50Hz 或（DC）二号电池/R20（1.5V×6 节）

（15）交流、交流+直流选择按键开关（AC/AC+DC）

本选择按键是在交流测量时，选择测量交流还是交流+直流，所以只有在功能旋钮开关选择"V∼"（"mV∼"手动）"μA∼""mA∼"或"A∼"，按"SELECT"键选择"AC"测量时，本选择按键才有用。按"SELECT"键选择"DC"测量时，请不要按下本选择按键，否则"+DC"将显示。

（16）自动关机功能

当 LCD 显示符号，且约 10min 内没有转动功能旋钮开关或使用"HOLD"键等操作时，显示器将消隐显示，同时保存消隐前最后一次测量数据，随即仪表进入微功耗休眠状态。如要唤醒仪表重新工作，除关闭电源开关后重新打开外，只要按一次"HOLD"键即可。唤醒仪表后，LCD 显示消隐前最后一次测量数据并处于"HOLD"模式。转动旋钮开关也能唤醒仪表，但不保持消隐前最后一次测量数据。在开机的同时按下"MAX/MIN""RANGE""REL""RS232"键中的任何一个键都可以关闭自动关机功能，并消除提示符号。

三、DG4000 系列函数信号发生器

DG4000 系列函数信号发生器是集函数信号发生器、任意波信号发生器、脉冲发生器、谐波发生器、模拟/数字调制器、频率计等功能于一身的高性能、多功能的双通道函数/任意波信号发生器。下面以 DG4162 为例说明函数信号发生器的使用。DG4162 的前面板布局如附录图 10 所示。

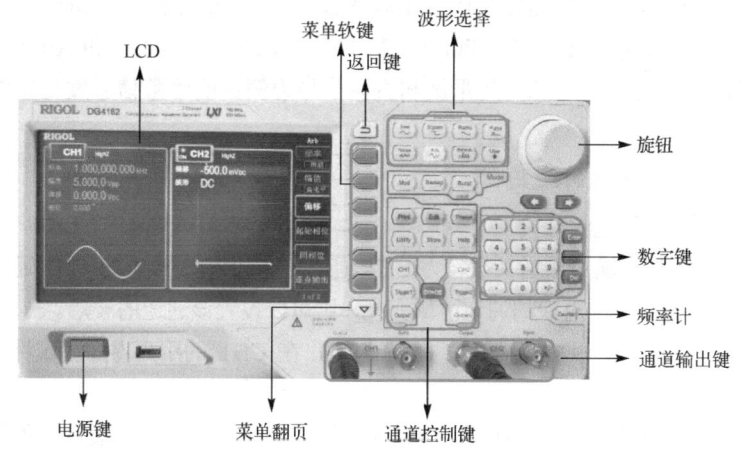

附录图 10 DG4162 的前面板

DG4162 的用户界面可以同时显示两个通道的参数和波形，如附录图 11 所示。

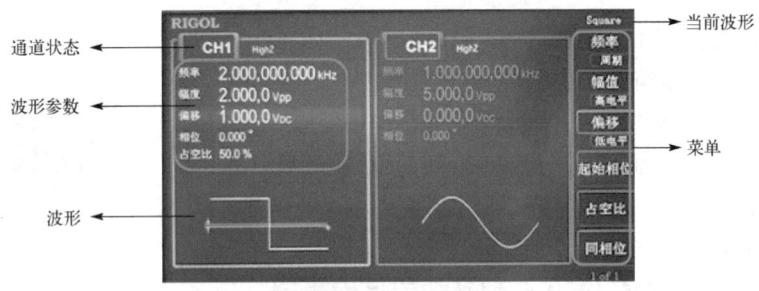

附录图 11 用户界面

当需要设置某个通道的参数时，按下前面板上的通道键（CH1 或 CH2），此时被按下的软键的背光灯亮，在用户界面，被选中的通道的显示区域高亮显示，则可以设置该通道的波形和参数。

函数信号发生器常见的输出波形有：Sine（正弦波）、Square（矩形波）、Ramp（锯齿波）、Pulse（脉冲波）、DC（直流信号）和 Arb（任意波），以下以正弦波、矩形波和直流信号为例说明函数信号发生器的设置。

1. 正弦波的设置

① 打开电源开关。

② 选择输出通道（假设为 CH1 通道）：按下前面板上的 CH1 通道键，用户界面中对应的通道区域变亮，则可以设置该通道的波形。

③ 在前面板按下正弦波"Sine"键，在 CH1 的用户界面区域将显示正弦波信号。

④ 通过菜单项选择要设置的正弦波的参数并使其突出显示，如频率、幅度、相位和偏移等。

⑤ 通过数字键或旋钮输入参数的值，并在弹参数单位的菜单中选择参数的单位，按下"Enter"键确认。

⑥ 波形设置完成后，按下该通道的"Output"键，将波形输出。

2. 矩形波的设置

① 打开电源开关。

② 选择输出通道（假设为 CH1 通道）：按下前面板上的 CH1 通道键，用户界面中对应的通道区域变亮，则可以设置该通道的波形。

③ 在前面板按下矩形波"Square"键，在 CH1 的用户界面区域将显示矩形波信号。

④ 通过菜单项选择要设置的矩形波的参数使其突出显示，如频率、幅度、相位、偏移和占空比等。

⑤ 通过数字键或旋钮输入参数的值，并在参数单位的菜单中选择参数的单位，按下"Enter"键确认。

⑥ 波形设置完成后，按下该通道的"Output"键，将波形输出。

3. 直流信号的设置

① 打开电源开关。

② 选择输出通道（假设为 CH1 通道）：按下前面板上的 CH1 通道键，用户界面中对应的通道区域变亮，则可以设置该通道的波形。

③ 在前面板按下任意波"Arb"键，在菜单中先按下"▽"键，进入下一界面，再按下"选择波形"键，在弹出的菜单中选择"直流"。

④ 通过菜单项设置直流信号的参数，如偏移等。

⑤ 通过数字键或旋钮输入参数的值，并在参数单位的菜单中选择参数的单位，按"Enter"键确认。

⑥ 波形设置完成后，按下该通道的"Output"键，将波形输出。

其他波形的设置方法与上述波形的设置方法类似，不再赘述。

四、MDO-2000ES/C 4 多功能混合域示波器简介

示波器是按照采样原理，利用 A/D 变换，将连续的模拟信号转变成离散的数字序列，然后进行恢复重建波形，从而达到测量波形的目的。MDO-2000ES/C 4 系列示波器的前面板如附录图 12 所示。

MDO-2000ES/C 4 是 4 通道示波器，每个通道以不同的颜色显示，其中 CH1 通道的波形和参数用黄色显示，CH2 通道用蓝色显示，CH3 通道用粉色显示，CH4 通道用绿色显示。

示波器的使用

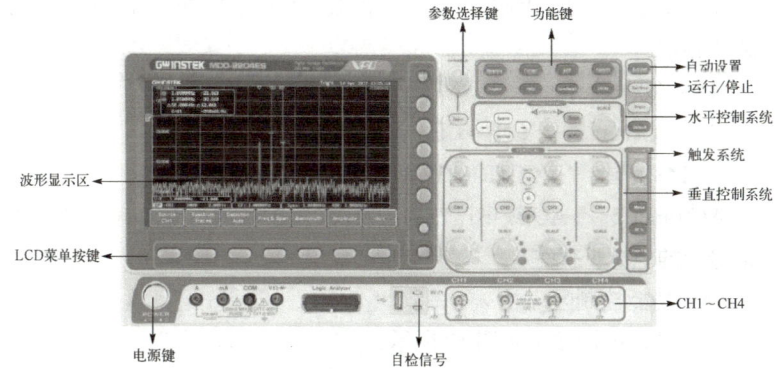

附录图 12　示波器的前面板

整个面板划分为五个功能区。

（1）垂直系统

垂直系统通常代表电压，常用的旋钮和按键如附录图 13 所示。

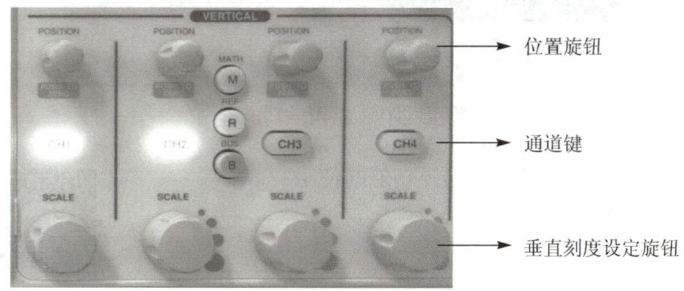

附录图 13　垂直系统

① 垂直位置旋钮（POSITION）：旋转该旋钮可以上下移动波形，可调整 CH1~CH4 波形在显示屏中的垂直位置。移动波形时，零电平轴将随波形一起运动。按下"POSITION"旋钮，可将零电平轴设置为 0。

② 垂直刻度设定旋钮（SCALE）：旋转旋钮改变波形的垂直刻度，顺时针选择可以增大每格的电压值。

③ 通道菜单按钮（CH1~CH4）：当 CH1~CH4 通道键被按下时，通道键变亮，同时显示相应的通道菜单，这 4 个按钮也是 CH1~CH4 波形显示的开关。如果 CH1~CH4 通道键被关闭，通道键会熄灭，波形将不显示。

（2）水平系统操作

水平系统通常用于表示时间，常用的旋钮和按钮如附录图 14 所示。

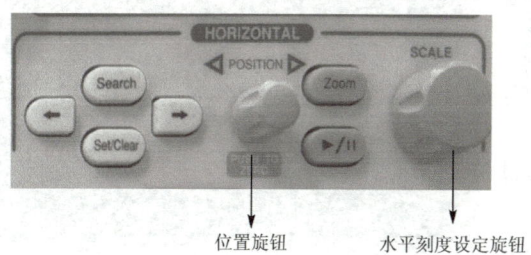

附录图 14　水平系统

① 水平的位置旋钮（POSITION）：旋转该旋钮时，左右移动波形，水平触发点代表时间起点，也相对于屏幕左右移动（水平触发点，通常置于屏幕中央，以利于观测触发点之前和之后的信号）。按下该按钮，可以将水平位置置零，即可以将水平触发点置于屏幕中央。

② 水平刻度设定旋钮（SCALE）：旋转旋钮设定时基，顺时针旋转减小时基，逆时针旋转增大时基，在 RUN 或是 STOP 模式都有效。

（3）示波器触发的系统

触发的作用在于令每次的显示开始于波形上的同一点，从而同步波形的显示，显示波形的特点和细节，只有稳定的触发才能稳定显示波形，通过触发系统可以从信号中获得所需要观测的部分，减少无关部分影响观测。数字示波器的高阶触发功能可以从波形中分离出所需要的部分。比如单次触发可以捕捉到只发生一次的波形，脉宽触发可以从一串脉冲序列中获得关心的那部分脉冲等。合理利用示波器（尤其是数字示波器）的触发功能可以使测量工作变得简单。

① 触发菜单按键（Menu）：触发系统如附录图 15 所示，按下"Menu"键，打开触发菜单设置界面，如附录图 16 所示，可以设置触发类型、触发源、耦合触发方式等。

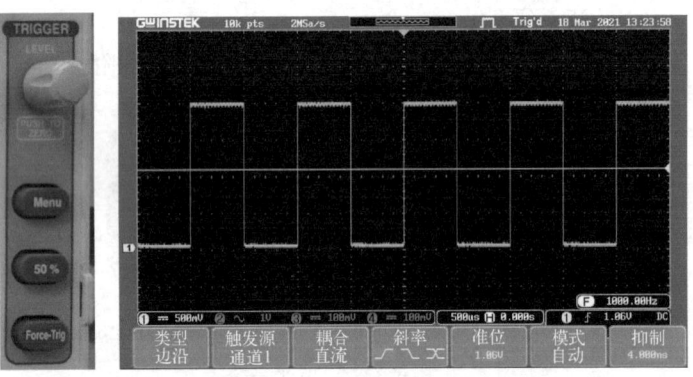

附录图 15　触发系统　　　附录图 16　触发菜单窗口

② 触发电平旋钮（LEVEL）：旋转如附录图 15 中的"LEVEL"旋钮可改变触发电平的大小。为保证波形在屏幕上稳定显示，触发电平取值应在被测波形峰峰值范围内，如附录图 16 所示。通过调节触发电平来控制波形的显示是示波器的传统方式。按下该旋钮，可以将触发电平置零。

③ 触发类型

ⓐ 边沿触发：当信号以正向或负向斜率通过某个幅度阈值时，边沿触发发生。

ⓑ 延迟触发：在延迟触发开始前，等待一段指定时间或若干事件，延迟触发发生。这种触发方法可以在一系列触发事件中确定触发位置。

ⓒ 脉冲宽度触发：当信号脉宽小于、等于、不等于或大于指定脉宽时，触发发生。

ⓓ 视频触发：从视频格式信号中提取一个同步脉冲，并在指定视频行或场触发。

④ 触发源选择

CH1~CH4：选择 CH1~CH4 为触发源。

EXT*：选择"EXT.TRIG"输入端信号作为触发源。

AC Line：选择 AC 线电压作为触发源，用于观测与电源有关的现象，如信号上的电源干扰等。

（4）功能控制区

常用的功能键如附录图 17 所示。

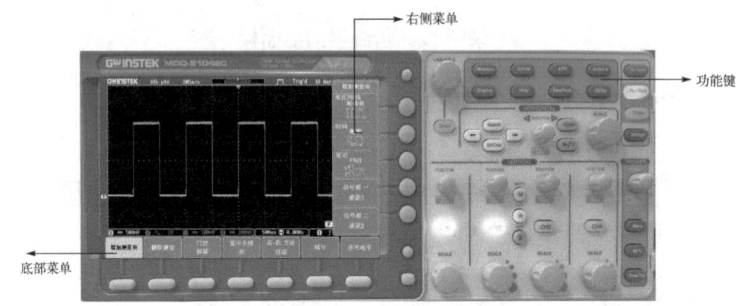

附录图 17　常用的功能键

① "测量（Measure）"功能的使用

（a）添加测量值

ⓐ 按下"Measure"键。

ⓑ 从底部菜单中选择"添加测量项"。

ⓒ 从右侧菜单中选择测量信号的来源和变量类

"Measure"功能的使用

型，如图17所示。

ⓓ 旋转"VARIABLE"旋钮，选择变量，按下"SELECT"键确认。可以看到添加的变量的颜色和通道波形的颜色相同。

（b）删除测量值

ⓐ 按下"Measure"键。

ⓑ 从底部菜单中选择"删除测量"按钮。

ⓒ 旋转"VARIABLE"旋钮，选择变量，按下"SELECT"键确认。

（c）显示所有模式

ⓐ 通过底部菜单中"显示全部开"键，可以显示和更新所有电压和时间类型的测量结果。

ⓑ 通过底部菜单中"显示全部关"键，关闭电压和时间的测量结果窗口。

② "光标（Cursor）"功能的使用

水平或垂直光标可以显示波形位置、波形测量值以及运算结果，包括电压、时间、频率和其他运算操作。一旦开启光标（水平、垂直或二者兼有），除非关闭操作，否则这些内容将一直显示在主屏幕上，如附录图18所示。

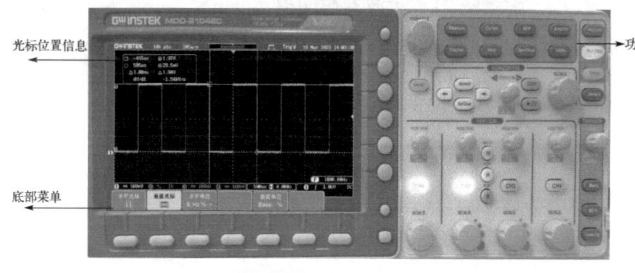

附录图18 "Cursor"功能的使用

（a）水平光标的使用

ⓐ 按一次"Cursor"键。

ⓑ 从底部菜单中选择"水平光标"按钮，重复按下"水平光标"菜单键或者"SELECT"键，选择光标的类型。

ⓒ 使用"VARIABLE"旋钮左/右移动光标，光标的位置信息将显示在屏幕的左上角，如附录图18所示。

（b）垂直光标的使用

ⓐ 按两次"Cursor"键。

ⓑ 从底部菜单中选择"垂直光标"键，重复按下"垂直光标"菜单或者"SELECT"键，选择光标的类型。

ⓒ 使用"VARIABLE"旋钮上/下移动光标，光标的位置信息将显示在屏幕的左上角，如附录图18所示。

（c）以XY模式显示波形

XY模式将CH1通道与CH2通道的输入信号绘制在一起；若为4通道型号，则将CH3通道与CH4通道的输入信号绘制在一起。XY模式有利于观察波形间的相位关系，如附录图19所示。操作步骤如下。

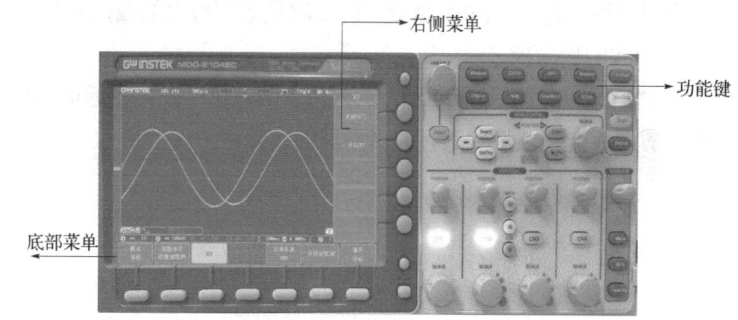

附录图19 以XY模式显示波形

ⓐ 按下"Acquire"键。

ⓑ 从底部菜单中选择"XY"键。

ⓒ 从右侧菜单中选择"开启XY"键。

ⓓ 从右侧菜单中选择"关闭XY"键，可以关闭XY模式。

④ 其他常用按键的功能

ⓐ "Autoset"键：自动设置功能将输入信号调整在面板最佳的视野位置。

ⓑ "Default"键：恢复出厂状态。

ⓒ "Run/Stop"键：默认情况下，波形处于运行模式，按一次"Run/Stop"键，按键变红，此时冻结波形，再按一次，取消冻结，按键变绿，波形继续处于运行模式。

ⓓ FRA 功能：使用示波器内置的函数信号发生器作为输入信号，在示波器的显示区域同时显示输入、输出波形，按下功能键区"APP"键，打开"应用程序"菜单，旋转"VARIABLE"旋钮，选择"FRA"功能，按下"SELECT"键确认。在打开的新界面中选择"设置"所对应的功能键，如附录图20所示，在"设置"的竖向菜单中设置输入信号、输出信号、信号源设置、分析点数，按下相应的功能键，示波器开始进行频率响应分析。选择"FRA 测量"可以测量幅频特性的截止频率。

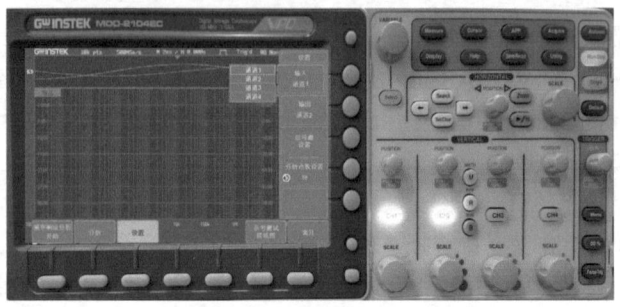

附录图20　FRA 功能的使用

（5）示波器后面板

示波器后面板如附录图21所示，有两个函数信号发生器通道。可以通过操作后面板选择波形和进行波形参数的设置。

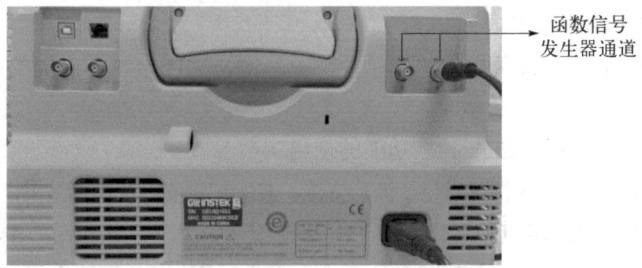

附录图21　示波器后面板

实 验 报 告

学院：_____

班级：_____

姓名：_____

学号：_____

学院：_____　　　班级：_____　　　姓名：_____　　　学号：_____

实验报告：4.1 无源和有源二端网络伏安特性的测量

一、实验目的

二、实验仪器及器件

三、实验内容

（一）基本实验内容

1. 测定电桥的伏安特性

（1）实验电路如图 4.1.4（a）所示，调节稳压电源的输出电压 U，测量端口处的电压和电流及支路电流，将测试结果填入表 4.1.3 中。

表 4.1.3　平衡电桥的测试数据

端口电压	U/V	0	1	2	4	6	8	10
端口电流	I/mA							
支路电流	I_1/mA							

由测试数据可知，图 4.1.4（a）所示的平衡电桥的等效电阻为_____。

根据测试数据，用描点法绘制平衡电桥的伏安特性曲线。

贴伏安特性曲线

（2）修改平衡电桥的参数，使其变为非平衡电桥，重新测量各电压、电流值，将测试数据填写在表 4.1.4 中。

表 4.1.4　非平衡电桥的测试数据

端口电压	U/V	0	1	2	4	6	8	10
端口电流	I/mA							
支路电流	I_1/mA							

根据测试数据可知，图 4.1.4（a）所示的非平衡电桥的等效电阻为_____。

2. 测量实际直流电压源的伏安特性

（1）实际直流电压源电路如图 4.1.5（a）所示，取 U_s=10V，改变负载电阻 R_L 的值，将其测试数据填写在表 4.1.5 中。

学院：_____ 班级：_____ 姓名：_____ 学号：_____

表 4.1.5　实际直流电压源实验数据

R_L/Ω	∞	2000	1000	470	300	200	100
I/mA							
U/V							

（2）根据表中的数据，用描点法画出直流电压源的伏安特性。

贴伏安特性曲线

（二）扩展实验内容

用伏安法测量半导体二极管的伏安特性。

（1）实验电路如图 4.1.7 所示，测量二极管正向偏置和反向偏置时的电压和电流，将测试数据填写在表 4.1.7 中

表 4.1.7　二极管实验数据记录

U/V	−5	−3	−1	0	0.3	0.7	1	2	3	5	7
U_D/V											
I/mA											

（2）根据二极管的测试数据，绘制二极管的伏安特性曲线。

贴伏安特性曲线

四、实验总结

得分_____；评阅教师_____

学院：_____　　　班级：_____　　　姓名：_____　　　学号：_____

实验报告：4.2 基尔霍夫定律与电位的测定

一、实验目的

二、实验仪器及器件

三、实验内容

1. 理论计算：电路如图 4.2.1 所示，计算待测物理量的理论值，填入表 4.2.1 和 4.2.2。

2. 验证基尔霍夫定律

① 实验电路如图 4.2.1 所示，测量表 4.2.1 中的电压和电流值，将测量结果填写在表中，根据测量数据验证基尔霍夫定律。比较测量值与理论值，计算相对误差。

表 4.2.1　验证基尔霍夫定律数据记录及计算

项目	I_1	I_2	I_3	$\sum I$	U_{AB}	U_{BE}	U_{EF}	U_{FA}	$\sum U$	U_{BC}	U_{CD}	U_{DE}	U_{EB}	$\sum U$
	单位：mA				单位：V					单位：V				
理论值														
测量值														
相对误差/%				0					0					0

3. 电位、电压的测量

① 实验电路如图 4.2.1 所示，测量表 4.2.2 中的电压和电位值，将测量结果填写在表中，与理论值相比较，计算相对误差。

表 4.2.2　电位、电压测量数据记录及计算

	项目	V_A/V	V_B/V	V_C/V	V_D/V	V_E/V	V_F/V	U_{AB}/V
参考点 E	理论值							
	测量值							
	相对误差/%					0		
参考点 B	理论值							
	测量值							
	相对误差/%		0					

学院：_____　　班级：_____　　姓名：_____　　学号：_____

4.实验结论

四、实验总结

得分_____；评阅教师_____

学院：＿＿＿＿＿＿　班级：＿＿＿＿＿＿　姓名：＿＿＿＿＿＿　学号：＿＿＿＿＿＿

实验报告：4.3 叠加原理与戴维南定理的研究

一、实验目的

二、实验仪器及器件

三、实验内容

（一）基本实验内容

1. 叠加原理

（1）理论计算：电路如图 4.3.1 所示，计算表 4.3.1 中的电压、电流值，将计算结果填入表中的理论值。

（2）验证叠加原理

① 实验电路如图 4.3.6 所示，测量表 4.3.1 中的数据，将测量结果填写表的测量值中。

表 4.3.1　叠加原理数据记录

电源	I_1/mA		I_2/mA		I_3/mA		U_1/V		U_2/V		U_3/V	
	测量值	理论值	测量值	理论值	测量值	理论值	测量值	理论值	测量值	理论值	测量值	理论值
U_{S1} 作用												
U_{S2} 作用												
U_{S1}、U_{S2} 作用												

② 根据测试数据验证叠加原理。

（3）实验结论

2. 验证戴维南定理

（1）理论计算：电路如图 4.3.7 所示，计算电路的理论值，填入表 4.3.2 和表 4.3.3。

（2）验证戴维南定理。

① 实验电路如图 4.3.7 所示，通过实验，测量二端网络的开路电压和短路电流，填写在表 4.3.2 中。

学院：_____　　　班级：_____　　　姓名：_____　　　学号：_____

表 4.3.2　戴维南定理实验数据记录

	开路电压 U_{OC}/V	短路电流 I_{SC}/mA	等效内阻 R_0/Ω
理论值			
测量值			

② 根据测量值做戴维南等效电路，连接负载支路，测量负载的参数，填入表4.3.3 中，与理论值比较，验证戴维南定理。

表 4.3.3　验证戴维南定理

	U_L/V	I_L/mA
有源二端网络		
戴维南等效电路		

③ 写出实验结论。

四、实验总结

（二）扩展实验内容

请自行附页完成。

得分_____；评阅教师_____

学院：_____   班级：_____   姓名：_____   学号：_____

实验报告：4.4 典型电信号的观察与测量

一、实验目的

二、实验仪器及器件

三、实验内容

（一）基本实验内容

1. 观察示波器的自检信号

（1）记录示波器 DC 耦合的自检信号的波形。

[贴波形图]

（2）记录示波器 AC 耦合的自检信号的波形。

[贴波形图]

（3）实验结论：总结 DC 耦合与 AC 耦合的不同。

2. 观察正弦波信号

（1）调节函数信号发生器产生频率为 2kHz、峰峰值为 2V 的正弦波，用示波器观察波形，记录波形图。

[贴波形图]

学院：_____　　班级：_____　　姓名：_____　　学号：_____

（2）设置示波器垂直一格为1V，水平一格为200μS，读出正弦形的参数，填写在中表4.4.1中。

表4.4.1　频率为2kHz、峰峰值为2V的交流信号的测试数据

U_{P-P}	VOLTS/DIV /（V/DIV）	1
	格数	
周期	TIME/DIV /（μs/DIV）	200
	格数	
电压峰峰值换算为有效值 U/V		

（3）调节函数信号发生器，输出周期为0.2ms、有效值为1V的正弦波信号，记录波形图，并利用"Measure"功能测量表4.4.2中的参数，将测量值填写在表中。

贴波形图

（4）利用"Cursor"功能测量正弦波的周期和峰峰值，记录测量波形，并把测量数据填写在表4.4.2中。

贴波形图

表4.4.2　周期为0.2ms、有效值为1V的交流信号的测试数据

数据	利用"Cursor"功能观测	利用"Measure"功能观测
周期/μs		
频率/kHz		
信号峰峰值/V		
信号有效值/V		

3. 观察矩形波信号

（1）调节函数信号发生器，输出频率1.2kHz、0~3.5V、占空比30%的矩形波信号，利用"Measure"功能测量表4.4.3中的参数，记录波形，并将测量数据填写在表4.4.3中。

贴波形图

表4.4.3　示波器测试矩形波

数据	利用"Cursor"功能观测	利用"Measure"功能观测
信号周期/ms		
最大值/V		
最小值/V		
占空比/%		

学院：_____　　班级：_____　　姓名：_____　　学号：_____

（2）利用"Cursor"功能测量波形的峰峰值和正脉冲的宽度，记录测量波形，并把测量数据填写在表 4.4.3 中。

五、实验总结

| 贴波形图 |

（二）扩展实验内容

请自行附页完成。

四、思考题

使用示波器观察信号时，分析出现下列情况的主要原因，应如何调节？

1. 波形不稳定。
2. 示波器屏幕上可视波形的周期数太多。
3. 示波器屏幕上所示波形的幅度过小。
4. 看不到信号的直流量。

得分_____；评阅教师_____

学院：_____ 班级：_____ 姓名：_____ 学号：_____

实验报告：4.5 RC 一阶电路暂态过程的分析与研究

一、实验目的

二、实验仪器及器件

三、实验内容

（一）基本实验内容

（1）理论分析

电路如图 4.5.3 所示，当电路中的激励为方波时，请在图 4.5.9 中画出① $\tau = \dfrac{T}{2}$；② $\tau = \dfrac{T}{10}$；③ $\tau = \dfrac{T}{20}$ 时的 u_C 波形。

（2）测试电路的方波响应

① 调节函数信号发生器输出幅值为 1V，频率为 1kHz 的方波信号，用示波器同时观察输入、输出波形，用示波器测量 RC 电路的时间常数，填写在表 4.5.1 中。

② 改变电源的频率和电路的参数，记录输入、输出的波形，重新测量电路的时间常数，记录在表 4.5.1 中。

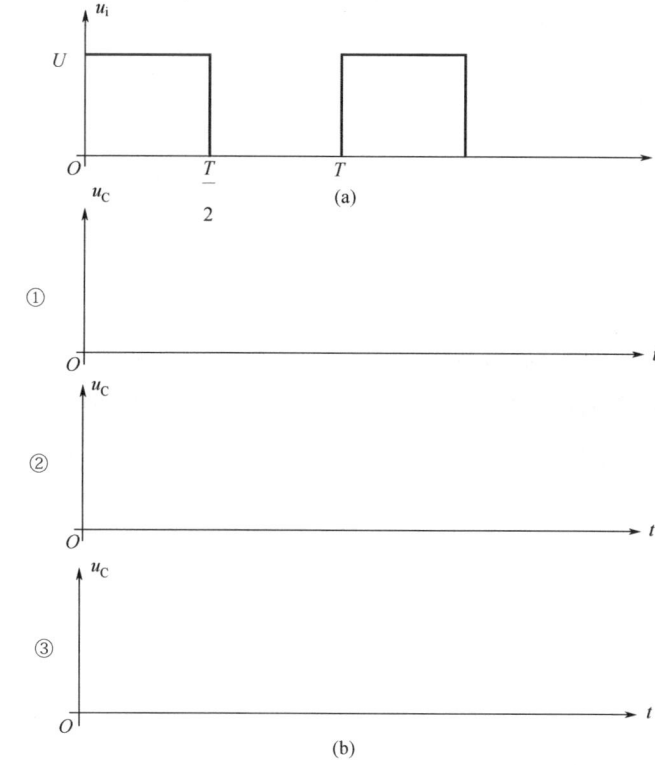

图 4.5.9 RC 电路不同时间常数时的方波响应

学院：________ 班级：________ 姓名：________ 学号：________

表 4.5.1 RC 电路的方波响应

电路参数	方波信号源	输入输出波形	时间常数/s
R=1kΩ C=0.1μF	f=1kHz U_{P-P}=1V		理论值：
			测量值：
R=5.1kΩ C=0.01μF	f=2kHz U_{P-P}=1V		理论值：
			测量值：

（3）实验结论

（二）扩展实验内容

请自行附页完成。

四、实验总结

得分________；评阅教师________

学院：_____　　班级：_____　　姓名：_____　　学号：_____

实验报告：4.6 RLC 交流电路参数的测量

一、实验目的

二、实验仪器及器件

三、实验内容

（一）基本实验内容

1. RC 串联电路参数的测量

实验电路如图 4.6.5 所示，取电路参数为 $R=100\Omega$，$C=1\mu F$，输入信号为电压为 2V，频率为 1kHz 的正弦波，测量电路的参数，填入表 4.6.1。根据公式计算交流电路的参数，把计算结果填入表 4.6.1 中。

表 4.6.1　RC 串联电路的测量参数

U/V	U_R/V	I/mA	$|Z|/\Omega$	$\varphi/°$

2. RLC 串联电路频率特性的测量

（1）实验电路如图 4.6.6 所示，选择电路的参数为：$R=100\Omega$，$L=10mH$，$C=1\mu F$，计算电路的品质因数 Q，填写在表 4.6.3 中。调节函数信号发生器，输出电压为 1V，频率为 1.6kHz 的正弦波，用示波器同时观察函数信号发生器和电阻两端的波形。

贴波形图

（2）保持函数信号发生器输出信号的大小不变，调节信号的频率如表 4.6.2 所示，测量不同频率下电阻两端的电压 U_R、函数信号发生器的电压 U 和电路中的电流 I，填写在表 4.6.2 中，计算电路的复阻抗 $|Z|$，填写在表 4.6.2 中。

表 4.6.2　RLC 串联电路的测量参数

频率 f/kHz	U/V	U_R/V	I/mA	$|Z|/\Omega$
0.1				
0.5				
1.6				
5				
10				
15				

$f=1.6$kHz 时，电路的性质为_____。

学院：________ 班级：________ 姓名：________ 学号：________

（3）用描点法画出 RLC 串联电路阻抗的频率特性曲线。

贴频率特性曲线

（二）扩展实验内容

1．用示波器的 FRA 功能测量电路的频率响应曲线。

贴频率特性曲线

2．改变电路的参数为 R=300Ω，L=10mH，C=1μF，计算电路的品质因数 Q，填写在表 4.6.3 中。利用示波器的 FRA 功能重新测量电路的频率响应曲线。

贴频率特性曲线

表 4.6.3　RLC 串联电路的品质因数

品质因数	R=100Ω，L=10mH，C=1μF	R=300Ω，L=10mH，C=1μF
Q		

3．实验结论

四、实验总结

得分________；评阅教师________

学院：_____   班级：_____   姓名：_____   学号：_____

实验报告：4.7 交流电路中相位差的测量

一、实验目的

二、实验仪器及器件

三、实验内容

1. **低通滤波电路**

（一）基本实验内容

（1）理论计算：RC 一阶低通滤波电路如图 4.7.10 所示，当 R=1kΩ、C=0.1μF，电源的频率取表 4.7.1 中的数据时，计算低通滤波电路输入、输出信号的相位差，填在表 4.7.1 的理论值中。

（2）在输入端加峰峰值为 4V 的正弦波，改变正弦信号的频率，用双迹法测量低通滤波电路输入、输出波形的参数，计算相位差，填写在表 4.7.1 的测量值中。

表 4.7.1 低通滤波电路相位差测量数据

f/kHz	1	2	10	50
D 相位差/μs				
L 周期/μs				
φ 测量值/°				
φ 理论值/°				

（3）用双迹法测量低通滤波电路输入、输出信号相位差的波形图。

贴波形图

（二）扩展实验内容

用示波器 FRA 功能观测电路的频率响应曲线，并测量上限截止频率为_____。

贴频率特性曲线

2. **高通滤波电路**

（一）基本实验过程

（1）理论计算：RC 一阶高通滤波电路如图 4.7.11 所示，当 R=1kΩ、C=0.1μF，电源的频率取表 4.7.2 中的频率时，计算高通滤波电路中输入、输出信号的相位差，填在表 4.7.2 的理论值中。

学院：_____   班级：_____   姓名：_____   学号：_____

（2）在输入端加入峰峰值为 4V 的正弦波，改变正弦信号的频率，用李萨如图形测量输入、输出信号的相位差，将测试数据填写在表 4.7.2 中。

表 4.7.2　高通滤波电路相位差测试数据

f/kHz	1	2	3	4
U_y/V				
y_0/V				
φ计算值/°				
φ理论值/°				

（3）用李萨如图形测量高通滤波电路输入、输出信号相位差的波形图。

贴波形图

（二）扩展实验内容

用示波器 FRA 功能观测电路的频率响应，并测量下限截止频率为_____。

贴频率特性曲线

四、实验总结

记录本次实验中遇到的各种情况（如实验中遇到的问题、故障及其分析和处理方法），总结实验体会。

得分_____；评阅教师_____

学院：＿＿＿＿＿＿＿　班级：＿＿＿＿＿＿＿　姓名：＿＿＿＿＿＿＿　学号：＿＿＿＿＿＿＿

实验报告：4.8 基于 Multisim 软件的电路仿真

一、实验目的

二、实验仪器及器件

三、实验内容

1. 基尔霍夫定律

按照图 4.8.5 连接电路，取电路参数为 R_1=470Ω，R_2=100Ω，R_3=200Ω，电源电压为 E_1=10V，E_2=6V。

（1）使用仿真软件仿真电路，测量支路电流和各元件电压，自拟表格，填写测量数据，验证基尔霍夫电压和电流定律。

（2）实验结论

2. 验证叠加原理

（1）按照图 4.8.5 连接电路，取电路参数为 R_1=470Ω，R_2=100Ω，R_3=200Ω，电源电压为 E_1=10V，E_2=6V。使用仿真软件仿真电路。自拟测试方案验证叠加原理。

学院：_____ 班级：_____ 姓名：_____ 学号：_____

（2）实验结论

四、实验总结

3. 验证戴维南定理

（1）按照 4.8.9 连接电路，测量图示电路的开路电压和短路电流，填写在表 4.8.1 中，画出 4.8.12 所示的戴维南等效电路，在表 4.8.1 中填写测量参数。

表 4.8.1　戴维南等效电路测试数据

二端网络	开路电压 U_{OC}	短路电流 I_{SC}	等效内阻 R_0	负载电压 U_L
戴维南等效电路	等效电压 E	等效内阻 R_0	负载电压 U_L'	

（2）实验结论

得分_____；评阅教师_____

学院：_____ 班级：_____ 姓名：_____ 学号：_____

实验报告：4.9 RLC 正弦交流电路频率特性的仿真

一、实验目的

二、实验仪器及器件

三、实验内容

（一）基本实验内容

1. 测量 RLC 串联电路的阻抗特性

（1）实验电路如图 4.9.6 所示，取 $R=300\Omega$，$L=10\text{mH}$，$C=0.01\mu\text{F}$，调节函数信号发生器，输出电压有效值为 2V 的正弦交流信号，测量 RLC 串联电路的阻抗特性，将测试数据填写在表 4.9.1 中。

表 4.9.1　RLC 串联电路的阻抗特性

频率 f/kHz		1	5	15	30	150	300
I/mA							
R	U_R/V						
	$R=U_R/I_R$ (Ω)						
L	U_L/V						
	$X_L=U_L/I_L$ (Ω)						
C	U_C/V						
	$X_C=U_C/I_C$ (Ω)						
$|Z|$							

（2）粘贴 f 为谐振频率时的仿真电路图，并显示各个测试仪表的读数。

贴仿真电路图

（3）画出 RLC 串联电路的阻抗特性曲线。

贴阻抗特性曲线

（4）实验结论

学院：_____ 班级：_____ 姓名：_____ 学号：_____

2. 测量 RLC 串联电路的谐振特性

（1）按图 4.9.6 接好线路。选定 RLC 的参数为：$R=300\Omega$，$L=10\text{mH}$，$C=0.01\mu\text{F}$。设置函数信号发生器，输出电压的有效值为 $U=2\text{V}$，利用波特图仪测量电流频率特性曲线，粘贴仿真测试电路，根据测试结果，填写下表。

贴仿真电路图

截止频率	品质因数

（2）改变电路 RLC 电路的参数：$R=300\Omega$，$L=0.33\text{mH}$，$C=1\mu\text{F}$，电路输入信号不变，重新测量电流频率特性曲线，粘贴仿真测试电路，根据测试结果，填写下表。

贴仿真电路图

截止频率	品质因数

（二）扩展实验内容

请自行附页完成。

四、实验总结

得分_____；评阅教师_____

学院：＿＿＿＿＿＿＿＿　班级：＿＿＿＿＿＿＿＿　姓名：＿＿＿＿＿＿＿＿　学号：＿＿＿＿＿＿＿＿

实验报告：4.10 感性电路的测量及功率因数的提高

一、实验目的

二、实验仪器及器件

三、实验内容

（一）基本实验内容

1. 实验电路如图 4.10.3 所示，测试日光灯并联电容之前的数据，填写在表 4.10.1 中。

表 4.10.1　日光灯电路数据记录

U/V	U_R/V	U_{RL}/V	I/mA	I_{RL}/V	P/W	P_R/W	P_{RL}/W	计算 $\cos\varphi$

2. 测量日光灯并联电容之后的电路参数，填写在表 4.10.2 中。

表 4.10.2　感性负载并联电容数据记录

电容	测量数据				计算值
C/μF	U/V	I/mA	I_{RL}/mA	I_C/mA	P/W	$\cos\varphi$
1						
2						
3						
3.7						
4.7						
5.7						
6.7						

3. 根据测试数据，计算表 4.10.2 中的功率因数，从数据中找出把功率因数提高到最大值时，所并联的电容＿＿＿＿＿＿，此时的功率因数为＿＿＿＿＿＿。画出电路在此状态下的相量图。

学院：_____　　班级：_____　　姓名：_____　　学号：_____

4. 实验结论

四、实验总结

得分_____；评阅教师_____

学院：_____ 班级：_____ 姓名：_____ 学号：_____

实验报告：4.11 三相正弦交流电路的研究

一、实验目的

二、实验仪器及器件

三、实验内容

（一）基本实验内容

1. 三相电源

测量三相四线制电源的相、线电压，将测试数据填写在表 4.11.2 中。

表 4.11.2　三相四线制电源数据记录（380V 电源）

U_{AB}/V	U_{BC}/V	U_{CA}/V	U_A/V	U_B/V	U_C/V

2. 负载星形连接

（1）对称负载星形连接

对称负载进行星形连接的电路如图 4.11.3 所示，测量各电压、电流和功率值，将测量结果填写在表 4.11.3 和表 4.11.4 中。

（2）不对称负载星形连接

不对称负载进行星形连接的电路如图 4.11.4 所示，测量各电压、电流和功率值，将测量结果填写在表 4.11.3 和表 4.11.4 中。

表 4.11.3　负载星形连接数据记录

项目		线电压/V			负载相电压/V			线电流/mA			I_N/mA
		U_{AB}	U_{BC}	U_{CA}	U_{AN}	U_{BN}	U_{CN}	I_A	I_B	I_C	
对称负载	有中线										
	无中线										0
不对称负载	有中线										
	无中线										0

表 4.11.4　星形连接的对称负载的功率测量

接法	P_1/W	P_2/W	P_3/W	P_1/W	P_2/W	$P_{总}$/W
三表法				0	0	
两表法	0	0	0			

（3）实验结论

学院：_____ 班级：_____ 姓名：_____ 学号：_____

3. 负载三角形连接

（1）对称负载三角形连接

对称负载进行三角形连接的电路如图 4.11.5 所示，测量电路中的各电压、电流和功率值，将测试结果填写在表 4.11.5 和表 4.11.6 中。

（2）不对称负载三角形连接

不对称负载进行三角形连接的电路如图 4.11.6 所示，测试电路中的各电压、电流和功率值，将测试结果填写在表 4.11.5 和表 4.11.6 中。

表 4.11.5　负载三角形连接数据记录

项目	线电压/V			线电流/mA			相电流/mA		
	U_{AB}	U_{BC}	U_{CA}	I_A	I_B	I_C	I_{AB}	I_{BC}	I_{CA}
对称负载									
不对称负载									

表 4.11.6　三角形连接的负载的功率测量

项目		P_1/W	P_2/W	P_3/W	P_1/W	P_2/W	$P_总$/W
对称	三表法				0	0	
	两表法	0	0	0			
不对称	三表法				0	0	
	两表法	0	0	0			

（3）实验结论

四、实验总结

得分_____；评阅教师_____

| 学院： _____ | 班级： _____ | 姓名： _____ | 学号： _____ |

实验报告：4.12 二端口网络参数的测量

一、实验目的

二、实验仪器及器件

三、实验内容

（一）基本实验内容

1. 理论计算

电路如图 4.12.2 所示，分别计算二端口的 Z 参数、Y 参数、T 参数矩阵，将计算结果填写在表 4.12.1、4.12.2 和 4.12.3 的理论值中。

2. 测量 Y 参数

（1）实验电路如图 4.12.3 所示，测量端口 1 和端口 2 处的电压、电流，将测量试数据填写在表 4.12.1 中，根据公式计算 Y 参数，将计算结果填写在表中，比较理论值与测量值。

表 4.12.1 Y 参数测量数据

数据	U_2=0V					U_1=0V				
	U_1/V	I_1/mA	I_2/mA	Y_{11}/S	Y_{21}/S	U_2/V	I_1/mA	I_2/mA	Y_{12}/S	Y_{22}/S
理论值	/	/	/			/	/	/		
测量值										

（2）实验结论

学院：________________　　班级：________________　　姓名：________________　　学号：________________

3. 测量 *Z* 参数

（1）实验电路如图 4.12.4 所示，测量端口处的各电压、电流值，将测量数据填写在表 4.12.2 中，根据公式计算 *Z* 参数，将计算结果填写在表中，比较理论值与测量值。

表 4.12.2　*Z* 参数测量数据

数据	I_2=0V					I_1=0V				
	U_1/V	I_1/mA	U_2/V	Z_{11}/Ω	Z_{21}/Ω	U_1/V	U_2/V	I_2/mA	Z_{12}/Ω	Z_{22}/Ω
理论值										
测量值										

（2）实验结论

4. 测量 *T* 参数

（1）实验电路如图 4.12.5 所示，测量端口 1 和端口 2 处的各电压、电流值，将测量数据填写在表 4.12.3 中，根据公式计算 *T* 参数，将计算结果填写在表中，比较理论值与测量值。

表 4.12.3　*T* 参数测量数据

数据	I_2=0mA					U_2=0V				
	I_1/mA	U_2/V	U_1/V	*A*	*C*/S	I_1/mA	U_1/V	I_2/mA	*B*/Ω	*D*
理论值										
测量值			12				12			

（2）实验结论

学院：_____　　班级：_____　　姓名：_____　　学号：_____

（二）扩展实验内容

1. T 参数级联

（1）实验电路如图 4.12.6 所示，测量两个二端口的 T 参数和级联以后的 T 参数，将测试数据填写在表 4.12.4 中，总结实验结论。

表 4.12.4　T 参数级联的测试数据

T_a	T_b	$T_a T_b$	T

（2）实验结论

四、实验总结

得分_____；评阅教师_____

学院：_____ 班级：_____ 姓名：_____ 学号：_____

实验报告：4.13 互感电路实验

一、实验目的

二、实验仪器及器件

三、实验内容

（一）基本实验内容

1. 判断互感线圈同名端

用交流法测试线圈同名端的电路图，电路连接如图 4.13.1 所示，将判断结果为：1 与 3_____。

2. 测量互感线圈的自感和互感系数

实验电路如图 4.13.4 所示，测量线圈中的物理量，根据式计算自感和互感系数，填写在表 4.13.2 中。

表 4.13.2 互感和自感系数的测量

测量值（N_2 侧开路）				计算值		测量值（N_1 侧开路）				计算值	
U_1/V	I_1/mA	φ_1/°	U_2/V	M_{21}/mH	L_1/mH	U'_2/V	I'_2/mA	φ_2/°	U'_1/V	M_{12}/mH	L_2/mH

3. 计算互感线圈的耦合系数

计算互感线圈的耦合系数，填写在表 4.13.3 中。

表 4.13.3 互感线圈的耦合系数

L_1/mH	L_2/mH	M/mH	k

4. 等效电感的计算

实验电路如图 4.13.2 所示，测量互感线圈顺串和反串时的电压、电流和阻抗角，根据公式计算去耦等效电感和互感值。

表 4.13.5 等效电感的计算

顺向串联			反向串联			计算值		
U/V	I/mA	φ/°	U'/V	I'/mA	φ'/°	$L_顺$/mH	$L_反$/mH	M/mH

四、实验总结

得分_____；评阅教师_____

学院：＿＿＿＿＿　　班级：＿＿＿＿＿　　姓名：＿＿＿＿＿　　学号：＿＿＿＿＿

实验报告：4.14 变压器的应用

一、实验目的

二、实验仪器及器件

三、实验内容

（一）基本实验内容

1. 变压器等效电路参数的测量

测量变压器初级和次级线圈的等效参数，将测量数据填写在表4.14.1中。

表 4.14.1　变压器的元件参数

测量值		计算值	
初级线圈电阻/Ω	次级线圈电阻/Ω	初级线圈等效电感/Ω	次级线圈等效电感/Ω

2. 变压器变比的测定

变压器变比测定的电路如图4.14.5所示，测量图中的数据，填写在表4.14.2中。

表 4.14.2　变压器变比的测定

U_1/V	U_{20}/V	K

3. 变压器外特性的测定

保持变压器初级线圈 U_1 为额定电压不变，次级线圈逐个接上白炽灯，如图4.14.6所示，每次均测量 I_1、I_2、U_2。将测量结果填入表4.14.3。

表 4.14.3　变压器外特性测量数据记录

白炽灯数量	I_1/mA	I_2/mA	U_2/V
1个			
2个			
3个			

4. 变压器同名端的测定

如图 4.14.4 所示，将变压器 2、4 端短路，在初级线圈上额定电压 U_{12}=220V，用交流电压表分别测量次级线圈上的电压 U_{34} 和 1、3 端之间的电压 U_{13}，把测量值和计算值一起填入表4.14.4，并根据表中的计算结果判断两个绕组的同名端。

表 4.14.4 测量并判断变压器绕组的同名端

U_{12}/V	U_{34}/V	U_{13}/V	$U_{12}+U_{34}$/V	$U_{12}-U_{34}$/V

可以判断变压器绕组的同名端为_____。

四、实验总结

（二）扩展实验内容

请自行附页完成。

得分_____；评阅教师_____

参 考 文 献

[1] 邱关源. 电路（第6版）[M]. 北京：高等教育出版社，2022.

[2] 秦曾煌. 电工学（第七版）[M]. 北京：高等教育出版社，2011.

[3] 徐淑华. 电工电子技术（第5版）[M]. 北京：电子工业出版社，2017.

[4] 张志立，邓海琴，余定鑫. 电路实验与实践教程[M]. 北京：电子工业出版社，2016.

[5] 黄大刚，刘毅平，朱连津. 电路基础实验[M]. 北京：清华大学出版社，2008.

[6] 徐云. 电路实验与测量[M]. 北京：清华大学出版社，2008.

[7] 沈小丰. 电子线路实验——电路基础实验[M]. 北京：清华大学出版社，2007.

[8] 闫若颖等. 电路与电工实验教程[M]. 北京：中国电力出版社，2010.

[9] 姚缨英. 电路实验教程（第4版）[M]. 北京：高等教育出版社，2023.

[10] 邹建龙，高昕悦，王超，等. 电路实验[M]. 北京：高等教育出版社，2022.

反侵权盗版声明

电子工业出版社依法对本作品享有专有出版权。任何未经权利人书面许可，复制、销售或通过信息网络传播本作品的行为；歪曲、篡改、剽窃本作品的行为，均违反《中华人民共和国著作权法》，其行为人应承担相应的民事责任和行政责任，构成犯罪的，将被依法追究刑事责任。

为了维护市场秩序，保护权利人的合法权益，我社将依法查处和打击侵权盗版的单位和个人。欢迎社会各界人士积极举报侵权盗版行为，本社将奖励举报有功人员，并保证举报人的信息不被泄露。

举报电话：（010）88254396；（010）88258888
传　　真：（010）88254397
E-mail： dbqq@phei.com.cn
通信地址：北京市海淀区万寿路173信箱
　　　　　电子工业出版社总编办公室
邮　　编：100036